MW00332152

PYTHON PROGRAMMIEREN

Der vollständige Leitfaden zum sicheren und schnellen Erlernen von Python, mit praktischen und fortgeschrittenen Beispielen, die erklären, wie Python Ihr Leben vereinfachen

© Copyright 2021 - Alle Rechte vorbehalten

Der Inhalt dieses Buches darf ohne direkte schriftliche Genehmigung des Autors oder des Herausgebers nicht reproduziert, vervielfältigt oder übertragen werden.

Unter keinen Umständen kann der Herausgeber oder der Autor für Schäden, Wiedergutmachung oder finanzielle Verluste aufgrund der in diesem Buch enthaltenen Informationen haftbar gemacht werden. Weder direkt noch indirekt.

Rechtlicher Hinweis

Dieses Buch ist urheberrechtlich geschützt. Dieses Buch ist nur für den persönlichen Gebrauch bestimmt. Es ist nicht gestattet, Teile oder den Inhalt dieses Buches ohne die Zustimmung des Autors oder Herausgebers zu verändern, zu vertreiben, zu verkaufen, zu verwenden, zu zitieren oder zu paraphrasieren.

Hinweis zum Haftungsausschluss

Bitte beachten Sie, dass die in diesem Dokument enthaltenen Informationen nur für Bildungs- und Unterhaltungszwecke bestimmt sind. Es wurden alle Anstrengungen unternommen, um genaue, aktuelle, zuverlässige und vollständige Informationen zu präsentieren. Es werden keine Garantien jeglicher Art erklärt oder impliziert. Der Leser erkennt an, dass der Autor keine rechtliche, finanzielle, medizinische oder professionelle Beratung anbietet. Der Inhalt dieses Buches wurde aus verschiedenen Quellen entnommen. Bitte konsultieren Sie einen zugelassenen Fachmann, bevor Sie die in diesem Buch beschriebenen Techniken ausprobieren.

Mit der Lektüre dieses Dokuments erklärt sich der Leser damit einverstanden, dass der Autor unter keinen Umständen für direkte oder indirekte Verluste verantwortlich ist, die durch die Nutzung der in diesem Dokument enthaltenen Informationen entstehen, einschließlich, aber nicht beschränkt auf Fehler, Auslassungen oder Ungenauigkeiten.

Theorie ist, wenn man alles weiß, aber nichts funktioniert. Praxis ist, wenn alles funktioniert, aber niemand weiß, warum. In unserem Labor sind Theorie und Praxis vereint: Nichts funktioniert und niemand weiß warum.

(Albert Einstein)

Inhaltverzeichnis

TEIL 1

Vorwort

Maschinelles Lernen (engl. Machine Learning, ML) ist ein Computerprogramm, das lernt, ohne ausdrücklich programmiert zu werden.
Beispiel:
Sie trainieren einen Computer, Katzen und Hunde auf Bildern zu erkennen. Sie geben ihm Beispiele für Bilder von Katzen und Hunden. Sie sagen dem Computer, dass die Katzen auf der linken Seite der Bilder sind und die Hunde auf der rechten Seite.

Danach erstellt der Computer Regeln, die zwischen Katzen und Hunden unterscheiden. Es werden Tests durchgeführt, bei denen der Computer zwischen Katzen und Hunden unterscheiden kann, während er bei anderen Bildern nicht zwischen Katzen und Hunden unterscheiden kann. Diese Tests werden zeigen, dass der Computer lernt und dass seine neuen Regeln besser sind als die, die er zu Beginn hatte.

Was passiert, wenn man versucht, einer Maschine Mathematik beizubringen?

Nach einigen Jahren des Trainings der Maschine sind die einzigen Dinge, die der Computer zuverlässig erledigen kann, einige elementare Dinge wie das Erstellen der Schachregeln. Die besten Methoden, auf die wir uns beim maschinellen Lernen konzentrieren können, sind:

Logistische Regression

Der Computer verwendet ein neuronales Netz zur Erstellung eines komplexen logistischen Regressionssystems.

Entscheidungsbäume

Der Computer verwendet eine Reihe von Regeln, um einen bestimmten Baum zu identifizieren, der Daten in eine vordefinierte Gruppe von Klassen klassifiziert, z. B. einen Baum, der X Personen in 2 Gruppen klassifiziert, z. B. schwarz oder weiß.

Naive Bayes

Künstliche neuronale Netze

Sie laufen auf einem Computer, haben eine Reihe von Knoten und eine Liste von Gewichten für jeden Knoten, die gespeichert und zusammen mit den Daten in das System eingespeist werden. Die Knoten sind auf irgendeine Weise miteinander verbunden, die im Modell beibehalten wird, und das Modell verwendet dies, um zu sehen, ob es in eine bestimmte Kategorie oder Perspektive fällt. Dieser Ansatz führt zu mehr nicht-linearen Ergebnissen als logistische Regressionssysteme.

Modelle der Ko-Regression

Eine Reihe von Vorhersagemodellen, mit denen sich Verallgemeinerungen von Datensätzen erstellen lassen.

Clustering-Algorithmen

Daten können in Gruppen eingeteilt werden, z. B. Computer können in Abteilungen gruppiert werden, und jede Abteilung hat eine Gruppe von Studenten. Ein Algorithmus, wie z. B. das k-means-Clustering, verwendet die Daten, um die Gruppen zu bilden, die die beste Leistung erbringen.

Warum Python und Datenwissenschaft?

Python ist eine sehr leistungsfähige und einfach zu bedienende Programmiersprache, die für viele Dinge verwendet werden kann. Wenn man nicht weiterkommt, ist es leicht, zu anderen Dingen überzugehen.

Ist es möglich, maschinelles Lernen auf Aspekte der Mathematik anzuwenden?

Ja, Mathematik beinhaltet die Handhabung von Symbolen (wie Zahlen und Buchstaben). Datensätze können manipuliert werden. Computer können Daten manipulieren.

Kann MATLAB auf einem Computer maschinelles Lernen durchführen?

Nein. MATLAB ist eine sehr begrenzte Programmiersprache, die nur für ganz bestimmte Aufgaben geeignet ist. Die Leute benutzen MATLAB, weil sie die Dinge tun wollen, für die es gut ist.

Ist es möglich, MATLAB auf einem Computer für maschinelles Lernen zu verwenden?

Ja, es ist möglich, MATLAB auf einem Computer zu installieren, einige Bibliotheken und Module zu installieren, um MATLAB für Aufgaben des maschinellen Lernens zu nutzen, oder einen C++-Compiler zu installieren, damit das MATLAB-Programm für Aufgaben des maschinellen Lernens modifiziert werden kann.

Wie kann man einem Computer maschinelles Lernen beibringen?

Es gibt viele Möglichkeiten, einem Computer das maschinelle Lernen beizubringen, und die beste Methode hängt weitgehend von dem Problem ab, das Sie lösen müssen. Im Allgemeinen braucht ein Computer viele Beispiele für etwas, um zu lernen. Beim maschinellen Lernen benötigt ein Computer Beispiele für die Daten, die er zu klassifizieren und vorherzusagen versucht. Der beste Datensatz ist einer, der mindestens so groß ist wie der Datensatz, aus dem der Computer Vorhersagen treffen soll.

Kann maschinelles Lernen automatisiert werden?

Ja, wenn man einem Computer beigebracht hat, eine Aufgabe des maschinellen Lernens auszuführen, ist es möglich, diese Aufgabe zu automatisieren. Viele Websites veranstalten Wettbewerbe, bei denen Python-Skripte zur Durchführung von Aufgaben des maschinellen Lernens eingesetzt werden. Python auf Websites wird oft als Beitrag zu einem Wettbewerb geschrieben. Der Wettbewerb kann immer dann durchgeführt werden, wenn ein Problem vorliegt, bei dem eine Maschine ein Problem lernen und ein Ergebnis produzieren soll.

Machen Computer jemals Fehler?

Maschinen sind logisch und folgen den Regeln, die ihnen vorgegeben werden. Sie verwenden kein Urteilsvermögen und keine Sprache, um Probleme zu lösen. Die Antworten, die sie geben, unterliegen den Regeln, die ihnen vorgegeben werden.

Wessen Schuld ist es, wenn eine Maschine einen Fehler macht?

Man kann niemandem die Schuld geben, wenn eine Maschine einen Fehler macht. Man kann einer Maschine nicht die Schuld geben. Eine Maschine kann nur die Regeln befolgen, die ihr vorgegeben werden.

Beziehung zwischen Big Data und maschinellem Lernen (ML)

Bei Big Data handelt es sich um Daten, die so komplex und verstreut sind, dass sie spezielle Algorithmen und Methoden zu ihrer Verarbeitung benötigen, damit sie richtig analysiert werden können. Das herkömmliche Verarbeitungssystem kann extrem große Datenmengen nicht analysieren. Maschinelles Lernen ist eine spezielle Art von Algorithmen, die große Datenmengen verarbeiten können.Algorithmen wie prädiktive Analysen, Textalgorithmen, Social Network Mining usw. spielen eine wichtige Rolle im Prozess des maschinellen Lernens. Die Algorithmen des maschinellen Lernens basieren auf Algorithmen, die in der Lage sind, große Mengen an strukturierten oder unstrukturierten Daten zu analysieren. Der Prozess der Anwendung von ML besteht aus der Vorbereitung der Daten durch Bereinigung, um sie für die Algorithmen des maschinellen Lernens vorzubereiten, und dem Training der Algorithmen des maschinellen Lernens, um den Algorithmus auszuführen, indem effektive Kombinationen der Algorithmen des maschinellen Lernens gebildet werden, die Daten vorverarbeitet werden, um die Eingabe für die Algorithmen des maschinellen Lernens zu bilden, die erhaltene Ausgabe an die Algorithmen des maschinellen Lernens weitergegeben wird und sie trainiert werden, um die Funktion auszuführen.Das ultimative Ziel ist es, das beste Ergebnis in kürzester Zeit zu erzielen, und das wird durch die Entwicklung effizienter Algorithmen erreicht.

Anwendungen des maschinellen Lernens

Zu den Anwendungen des maschinellen Lernens gehören Echtzeitentscheidungen, klinische Medizin, Betrugserkennung, Suchmaschinenergebnisse und Ölanalysen, um nur einige zu nennen.

Die Implementierung des maschinellen Lernens ist eine sehr leistungsfähige Methode zur Erstellung von Vorhersagen unter Verwendung der folgenden Algorithmen. Die entwickelten Algorithmen haben im Laufe der Zeit immer bessere Vorhersagen geliefert, so dass die Leistung der Algorithmen des maschinellen Lernens ständig verbessert wird. Die Vorhersagekraft dieser Algorithmen ermöglicht es, dass sie in einer Vielzahl von Bereichen nützlich sind. Algorithmen des maschinellen Lernens werden mit allen Arten von Daten arbeiten, einschließlich Text, Bilder, Audio, soziale Medien und Finanzmarktdaten.

Mit anderen Worten, es werden Techniken des maschinellen Lernens angewandt, um eine Lösung zu finden, die signifikante Unterschiede in den Daten aufzeigen kann, die das menschliche Auge nicht sehen kann.

Es gibt viele verschiedene Arten von Abhängigkeiten (oder Zusammenhängen) in den Daten, die Algorithmen für maschinelles Lernen lernen müssen. In vielen Fällen bestehen diese Daten aus großen Mengen unstrukturierter Textdaten. Das maschinelle Lernen wird verbessert, indem alle Daten, die für das Lernen von maschinellen Lernalgorithmen verwendet werden können, zur Verfügung stehen.

Mit Blick auf die Zukunft ist das maschinelle Lernen immer stärker geworden, und es wird erwartet, dass es Aufgaben übernehmen wird, die bisher nur Spezialisten vorbehalten waren.

Shared Sensing ist ein neuer Dienst, der von mehreren etablierten Cloud-Anbietern und neuen Anbietern von Smart-City-Diensten angeboten wird. Sie bezieht sich auf die Fähigkeit mehrerer Smart-City-Akteure, Live-Informationen aus ihren Netzen, Ressourcen und Geräten zum Nutzen der gesamten Gemeinschaft auszutauschen. Dies wird erhebliche Vorteile bringen, einschließlich betrieblicher Effizienzsteigerungen.

Moderne Unternehmen erkennen die Bedeutung von Big Data für ihren Erfolg, nicht nur um mit anderen zu konkurrieren, sondern auch um ihre Geschäftsbeziehungen zu stärken und Kunden zu gewinnen. Dies hat bereits die Art und Weise verändert, wie Unternehmen arbeiten und Verbraucher Dienstleistungen in Anspruch nehmen oder Produkte kaufen.

Amazon zum Beispiel sammelt Daten von seinen Kunden, um das effizienteste Ergebnis zu liefern. Dabei werden Daten darüber verwendet, wonach Menschen suchen, was sie kaufen, wo sie wohnen usw. Einige Kunden möchten vielleicht nicht, dass ihre persönlichen Daten offengelegt werden, weil dies bedrohlich erscheinen könnte. Die meisten Kunden akzeptieren jedoch die Geschäftsbedingungen und stimmen der Verwendung ihrer Daten durch Amazon zu.

Andererseits nutzen Internetdienstleister Kundendaten, um Einnahmen zu erzielen. Verschiedene ISP haben unterschiedliche Möglichkeiten, Einnahmen von Kunden zu erzielen. Der Webbrowser ist zum Beispiel erforderlich, um Google-Anzeigen zu verwenden. ISPs verwenden Kundendaten auch, um verschiedene Dienste anzubieten. Einige Internetanbieter verkaufen Ihre Daten zum Beispiel an Marktforschungsunternehmen oder Versicherungsgesellschaften. Diese Daten können verwendet werden, um die E-Mail-Adressen der Kunden zu überprüfen. Dadurch wird die Zuverlässigkeit der E-Mail-Adresse erhöht.

Auch die Kunden nutzen Daten auf unterschiedliche Weise. Manche Menschen nutzen sie jedoch auf unethische Weise, indem sie Daten ohne die Zustimmung der Betroffenen an andere weitergeben. Da die Zahl der Personen, die Daten nutzen, täglich wächst, werden die Methoden zur gemeinsamen Nutzung von Daten verbessert, um den sofortigen Datenaustausch zu erleichtern.

Echte Algorithmen für Maschinelles Lernen

Wir begannen den Prozess des maschinellen Lernens mit der Entwicklung eines lernfähigen Algorithmus. Auf diese Weise könnte das Problem in eine Reihe kleinerer Probleme aufgeteilt werden, die mit den gesammelten Daten gelöst werden können.

Es gibt viele Techniken, die beim maschinellen Lernen eingesetzt werden können, und Experten verwenden unterschiedliche Techniken für verschiedene Datensätze. Der Prozess beginnt mit einem Algorithmus, der bis zu einem gewissen Grad lernfähig ist.

So kann das System lernen, was funktioniert und was nicht. Mit jedem kleinen Schritt kann der Algorithmus lernen, ob es möglich ist, diese beiden Gruppen so anzugleichen, dass maschinelle Lernsysteme lernen können.

Kapitel 1. Was ist maschinelles Lernen?

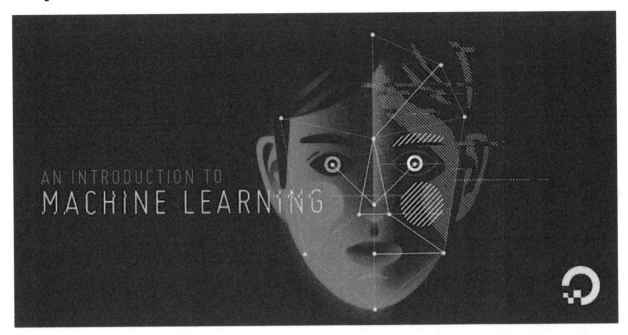

Als erstes müssen wir uns die Grundlagen des maschinellen Lernens ansehen. Das maschinelle Lernen ist eine der Anwendungen der künstlichen Intelligenz, die ein System in die Lage versetzt, selbständig zu lernen, ohne dass ein Programmierer dem System sagt, was es tun soll. Das System kann sogar noch einen Schritt weiter gehen und sich auf der Grundlage seiner eigenen Erfahrungen verbessern, und nichts davon geschieht, ohne dass der Plan ausdrücklich in den Prozess einprogrammiert ist. Beim maschinellen Lernen geht es um die Entwicklung von Computerprogrammen, die auf beliebige Daten zugreifen können und diese Daten dann nutzen, um etwas Neues zu lernen und sie für einen bestimmten Zweck günstig zu verwalten.

Es gibt einige verschiedene Anwendungen, die wir uns bei der Verwendung von Machine Learning ansehen werden. Wenn Siesich näher mit den Möglichkeiten des maschinellen Lernens befassen, werden Sie feststellen, dass es sich im Laufe der Jahre verändert und in etwas verwandelt hat, das für Programmierer, die damit arbeiten, sehr nützlich ist.
Wenn Sie möchten, dass Ihre Maschine oder Ihr System einen Großteil der Arbeit selbständig erledigt, ohne dass Sie eingreifen und jeden Schritt programmieren müssen, dann ist maschinelles Lernen die richtige Wahl für Sie.

Wenn es um die Welt der Technologie geht, werden wir feststellen, dass maschinelles Lernen etwas Einzigartiges ist und dem Programmieren, das wir tun, eine neue Ebene der Freude hinzufügen kann. Es gibt bereits viele Unternehmen in verschiedenen Branchen (über die wir gleich noch sprechen werden), die maschinelles Lernen einsetzen und davon profitieren.

Es gibt viele verschiedene Anwendungen für das maschinelle Lernen, und es ist erstaunlich, wie viel wir mit dieser Art von künstlicher Intelligenz erreichen können. Einige der besten Methoden, auf die wir uns beim maschinellen Lernen konzentrieren können, sind:

1. die Forschung im Bereich Statistik

Das maschinelle Lernen hält bereits Einzug in die Welt der Informatik. Sie werden feststellen, dass maschinelles Lernen Ihnen dabei helfen kann, eine große Menge komplexer Daten zu durchforsten und die großen und wesentlichen Muster in den Daten zu finden. Einige der verschiedenen Anwendungen des maschinellen Lernens in dieser Kategorie umfassen Dinge wie Spam-Filter, Betrugsfilter und Suchfilter.

2. Eine Big-Data-Analyse

Viele Unternehmen haben viel Zeit damit verbracht, so genannte Big Data zu sammeln, und müssen nun einen Weg finden, diese Daten in kurzer Zeit zu sortieren und daraus zu lernen. Diese Unternehmen können diese Daten nutzen, um mehr darüber zu erfahren, wie die Kunden ihr Geld ausgeben, und ihnen sogar helfen, wichtige Entscheidungen für die Zukunft zu treffen. Es würde zu viel Zeit in Anspruch nehmen, wenn wir jemanden hätten, der die Arbeit manuell erledigen würde. Aber mit maschinellem Lernen können wir alles erreichen.Im medizinischen Bereich, bei Wahlkampagnen und sogar im Einzelhandel hat man damit begonnen, das maschinelle Lernen zu nutzen, um von einigen dieser Vorteile zu profitieren.

3. Die Finanzwelt

Viele Finanzunternehmen haben sich auf das maschinelle Lernen verlassen. Der Online-Aktienhandel zum Beispiel wird sich auf diese Art von Arbeit stützen, und wir werden feststellen, dass maschinelles Lernen bei der Betrugserkennung, der Kreditvergabe und vielem mehr helfen kann.

Um voranzukommen und zu verstehen, wie wir den größten Nutzen aus dem maschinellen Lernen ziehen können, müssen wir sicherstellen, dass wir die besten Algorithmen mit den richtigen Prozessen und Tools kombinieren. Wenn Sie die falsche Art von Algorithmus zur Klassifizierung von Daten verwenden, erhalten Sie ungenaue Informationen und die Ergebnisse werden Ihnen nicht die gewünschte Hilfe bieten.Die Arbeit mit dem richtigen Algorithmus wird immer einen großen Unterschied machen. Bei der Arbeit an einigen der Modelle, die wir erstellen wollen, werden wir auch feststellen, dass es viele Tools und andere Verfahren gibt, mit denen wir arbeiten können.Wir müssen sicherstellen, dass wir den richtigen auswählen, damit der Algorithmus und das Modell, mit dem wir arbeiten, wie gewünscht funktionieren.

Zu den verschiedenen Tools, die für das maschinelle Lernen zur Verfügung stehen, gehören:

1. Umfassende Verwaltung und Qualität der Daten.
2. Automatisierte Bewertung des gesamten Modells, um zu erkennen, wo die besten Ergebnisse erzielt werden können.
3. Grafische Benutzeroberfläche zur Unterstützung bei der Erstellung der erforderlichen Modelle und der erstellten Prozessabläufe.
4. Einfache Implementierung, so dass Sie schnell zuverlässige und wiederholbare Ergebnisse erzielen können.
5. Interaktive Datenexploration und sogar einige Visualisierungen helfen uns, die Informationen leichter zu erkennen.
6. Eine integrierte, durchgängige Plattform, die dabei hilft, einen Teil der Daten in den von Ihnen gewünschten Entscheidungsprozess zu integrieren.

7. Ein Tool zum Vergleich verschiedener Modelle des maschinellen Lernens, das uns hilft, schnell und effizient das beste Modell zu finden.

Die Vorteile des Maschinellen Lernens

Wir sollten uns auch etwas Zeit nehmen, um einige der Vorteile des maschinellen Lernens zu betrachten. Es gibt viele Gründe, warum wir uns für maschinelles Lernen zur Unterstützung unseres Data-Science-Projekts entscheiden sollten. Es ist unmöglich, nützliche Algorithmen oder Modelle zu erstellen, die aus den übermittelten Daten genaue Vorhersagen machen können. Es gibt noch viele andere Vorteile, die damit einhergehen können. Einige der besten Dienstleistungen, die wir sehen können, wenn wir uns für die Arbeit mit maschinellem Lernen entscheiden, sind:

1. Die Vermarktung von Produkten ist bequemer

Wenn Sie Ihre Kunden genau dort erreichen, wo sie nach Ihnen suchen, nämlich online und in den sozialen Medien, können Sie Ihren Umsatz steigern. Mithilfe von maschinellem Lernen können Sie herausfinden, wie Ihre Zielgruppe reagieren wird, und Sie können sicherstellen, dass die von Ihnen angebotenen Produkte den Wünschen der Kunden entsprechen.

2. Maschinelles Lernen kann helfen, genaue medizinische Vorhersagen zu treffen

Die Ärzte haben immer viel zu tun, und es wird vermutet, dass viele der derzeit freien Stellen nicht besetzt werden können. Auch ein Arzt, der kein Facharzt ist, muss im Laufe des Tages viele Patienten behandeln.Dies alles zu bewältigen, kann sehr mühsam sein. Aber mit Hilfe des maschinellen Lernens können wir ein Modell erstellen, das Bilder betrachten und erkennen kann, ob etwas falsch ist oder nicht. Dies kann Ärzten viel Zeit und Ärger ersparen und ihre Arbeit effizienter machen.
Dies ist nur ein Bereich, in dem das maschinelle Lernen im medizinischen Bereich helfen kann. Er kann bei Operationen assistieren, Notizen für den Arzt machen, auf Röntgenbildern und anderen Aufnahmen nachsehen und sogar bei Verwaltungsarbeiten helfen.

3. Es kann die Dateneingabe erleichtern

Es gibt Zeiten, in denen wir sicherstellen müssen, dass alle Informationen effizient und schnell in eine Datenbank eingegeben werden. Bei großen Datenmengen und wenig Zeit wäre dies eine unmögliche Aufgabe. Aber mit maschinellem Lernen und den dazugehörigen Tools können wir das alles schnell erledigen.

4. Es Hilft bei der Spam-Erkennung

Dank einiger Lernprozesse, die mit dem maschinellen Lernen einhergehen, können wir feststellen, dass dies Spam verhindern kann. Die meisten großen E-Mail-Server verwenden heute eine Form des maschinellen Lernens, um Spam zu behandeln und aus Ihrem normalen Posteingang fernzuhalten.

5. Es kann die Finanzwelt verbessern

Maschinelles Lernen kann bei vielen verschiedenen Aufgaben in der Finanzwelt eingesetzt werden. Es hilft, Betrug aufzudecken, Kunden neue Produkte anzubieten, Kredite zu genehmigen und vieles mehr.

6. Es kann die Produktion effizienter machen

Diejenigen, die in der Fertigung tätig sind, können das maschinelle Lernen nutzen, um ihre Arbeit besser und kompetenter zu machen. Es kann herausfinden, wann Dinge den Prozess verlangsamen und behoben werden müssen, und es kann erkennen, wann ein Maschinenteil wahrscheinlich ermüdet, und vieles mehr.

7. Maschinelles Lernen ermöglicht es uns, den Kunden besser zu verstehen

Alle Unternehmen müssen so viel wie möglich über ihre Kunden wissen, damit sie wissen, wie sie sie vermarkten, welche Produkte sie anbieten und welche Methoden sie anwenden müssen, um die Kunden so glücklich wie möglich zu machen.

Überwachtes maschinelles Lernen

Die erste Art von Algorithmen für maschinelles Lernen, die wir uns ansehen werden, ist das überwachte maschinelle Lernen. Bei dieser Art des maschinellen Lernens trainiert jemand das System, indem er sicherstellt, dass er dem System die Eingaben mit den entsprechenden Ausgaben zur Verfügung stellt, um die richtigen Antworten zu erhalten.Es muss auch Zeit aufgewendet werden, um dem System eine Rückmeldung zu geben, je nachdem, ob das System oder die Maschine mit ihren Vorhersagen richtig gelegen hat.

Unüberwachtes maschinelles Lernen

Wir können uns nun dem Konzept des unüberwachten maschinellen Lernens zuwenden und sehen, wie es im Vergleich zum überwachten Lernen aussieht.Beim unüberwachten maschinellen Lernen werden wir sehen, dass es einen großen Unterschied zu den anderen Methoden gibt, aber wir können das System so trainieren, dass es sich ohne all die oben genannten Beispiele und Daten verhält.

Beim unüberwachten Lernen wird dem Modell keine Ausgabe zur Verfügung gestellt, um ihm beizubringen, wie es sich verhalten soll. Denn das Ziel dieser Art von Wissen ist es, dass die Maschine lernt, auf der Grundlage einer unbekannten Eingabe zu erkennen, was vorhanden ist.Das Gerät kann selbst herausfinden, wie es all dies tun kann, anstatt dass der Programmierer kommt und die ganze Arbeit macht.

Vertärkendes Lernen

Verstärkendes Lernen oder bestärkendes Lernen (engl. Reinforcement Learning) steht für eine Methode des maschinellen Lernens, die wir hier betrachten. Es gibt drei Methoden des maschinellen Lernens und diese ist die dritte Methode. Diese Art von Algorithmus ist neuer als die beiden anderen und wird immer dann verwendet, wenn der vorgestellte Algorithmus Beispiele enthält, die jedoch nicht gekennzeichnet sind.

Kapitel 2. Computern die Fähigkeit geben, aus Daten zu lernen

Wir brauchen eine Programmiersprache, die der Maschine Anweisungen zur Ausführung des Codes für das maschinelle Lernen gibt. Wir lernen die Grundlagen der Sprache Python, wie man Python installiert und startet.

Wir werden auch einige Python-Syntax und einige nützliche Werkzeuge für die Ausführung von Python lernen. Wir behandeln auch einige notwendige Python-Bibliotheken, die für maschinelles Lernen sehr nützlich sind. Zunächst einmal: Warum sollte man Python und nicht eine andere Programmiersprache verwenden?

Warum Sollte Man Python für Maschinelles Lernen verwenden?

Python ist aus vielen Gründen eine weit verbreitete Programmiersprache. Es handelt sich um eine freie und quelloffene Sprache, was bedeutet, dass sie für jedermann zugänglich ist. Obwohl sie kostenlos ist, handelt es sich um eine gemeinschaftsbasierte Sprache, was bedeutet, dass sie von einer Gemeinschaft entwickelt und unterstützt wird, die ihre Bemühungen im Internet bündelt, um die Funktionen der Sprache zu verbessern.

Andere Gründe, warum Menschen Python verwenden, sind:

1. Die Qualität einer lesbaren Sprache mit einer einfachen Syntax.
2. Portabilität des Programms auf beliebige Betriebssysteme (z. B. Windows, Unix) mit geringen oder keinen Änderungen.
3. Schnelle Ausführung: Python muss nicht kompiliert werden und läuft schneller als andere ähnliche Programmiersprachen.
4. Komponentenintegration, d.h. Python kann sich in andere Programme integrieren, kann von C- und C++-Bibliotheken aufgerufen werden oder eine andere Programmiersprache aufrufen.

Python verfügt über grundlegende und leistungsstarke Standardoperationen und fortgeschrittene vorcodierte Bibliotheken wie NumPy für die numerische Programmierung.Ein weiterer Vorteil von Python ist, dass es den Speicher automatisch verwaltet und die Deklaration von Variablen und Dimensionen nicht erforderlich ist. Darüber hinaus können Sie mit Python verschiedene Anwendungen entwickeln, z. B. grafische Benutzeroberflächen (engl. Graphical User Interface, GUIs), numerische Programmierung, Spieleprogrammierung, Datenbankprogrammierung, Internet-Skripting und vieles mehr.

Wie fängt man mit Python an?

Python ist eine Skriptsprache, und wie jede andere Programmiersprache benötigt sie einen Interpreter. Der Interpreter ist ein Programm, das andere Programme in der Sprache ausführt. Wie der Name schon sagt, arbeitet es als Interpreter für die Computerhardware, um Python-Programmieranweisungen auszuführen. Python wird als Softwarepaket geliefert und kann von der Python-Website heruntergeladen werden.Wenn Sie Python installieren, ist der Interpreter normalerweise ein ausführbares Programm. Wenn Sie UNIX und LUNIX verwenden, ist Python möglicherweise bereits installiert und befindet sich wahrscheinlich im Verzeichnis /usr. Nachdem Sie Python installiert haben, wollen wir nun herausfinden, wie wir einige der erforderlichen Programme ausführen können.

Um Python auszuführen, können Sie die Eingabeaufforderung Ihres Betriebssystems öffnen (unter Windows öffnen Sie ein DOS-Konsolenfenster) und python eingeben. Wenn es nicht funktioniert, haben Sie Python nicht in der UmgebungsvariablenShell Path. In diesem Fall müssen Sie den vollständigen Pfad (engl. Path) zu der ausführbaren Python-Datei eingeben. Unter Windows sollte es etwa C:\Python3.7\python sein, und unter UNIX oder LUNIX wird es im Verzeichnis bin installiert: /usr/local/bin/python (oder /usr/bin/python).

Beim Start von Python werden zwei Zeilen mit Informationen angezeigt, wobei die erste Zeile die verwendete Python-Version angibt, wie im folgenden Beispiel:

Python 3.7.1 (default, 10 Dec 2018, 22:54:23) [MSC v.1915 64 bit (AMD64)]: Anaconda, Inc. on win32
Geben Sie „help", „copyright", „credits" oder „license" ein, um weitere Informationen zu erhalten.
>>>
Sobald eine Sitzung gestartet wird, zeigt Python >>> an, was bedeutet, dass sie bereit ist. Es ist bereit, die von Ihnen geschriebenen Zeilencodes auszuführen. Im Folgenden finden Sie ein Beispiel für eineDruckanweisung:

```
>>> print („Hallo Welt!")
Hallo Welt!
>>>
```

Wenn Sie Python in einer interaktiven Sitzung ausführen, wie wir es getan haben, zeigt es die Ergebnisse nach >>> an, wie im Beispiel gezeigt. Der Code wird interaktiv ausgeführt. Um die interaktive Python-Sitzung zu beenden, geben Sie Strg-Z unter Windows oder Strg-D auf einem Unix/Linux-Rechner ein.
Wir haben nun gelernt, wie man Python startet und Code in einer interaktiven Sitzung ausführt.

Dies ist eine gute Möglichkeit zum Experimentieren und Testen von Code. Der Code wird jedoch nicht gespeichert, sondern muss neu geschrieben werden, um die Anweisung erneut auszuführen.

Um den Code zu speichern, müssen wir ihn in eine Datei namens „Modul" schreiben. Dateien, die Python-Anweisungen enthalten, werden Module genannt.

Diese Dateien haben die Erweiterung „py". Das Modul kann durch einfaches Eintippen des Modulnamens ausgeführt werden. Zum Erstellen der Moduldateien kann ein Texteditor wie Notepad++ verwendet werden.

Erstellen wir zum Beispiel ein Modul namens text.py, das „Hallo Welt" druck und 3^2 errechnet. Die Datei sollte die folgenden Anweisungen enthalten:

```
print ('Hallo Welt! ')
print ('3^2 ist gleich ' 3**2)
```
Um dieses Modul auszuführen, geben Sie an der Eingabeaufforderung des Betriebssystems die folgende Befehlszeile ein:
```
python test.py
```

Wenn diese Befehlszeile (auch Kommandozeile) nicht funktioniert, müssen Sie den vollständigen Pfad zur ausführbaren Python-Datei und den vollständigen Pfad zur Datei test.py eingeben. Sie können das Arbeitsverzeichnis auch ändern, indem Sie den vollständigen Pfad zur Datei test.py eingeben und dann python test.py eingeben. Der Wechsel des Arbeitsverzeichnisses in das Verzeichnis, in dem Sie die Module gespeichert haben, ist eine gute Möglichkeit, um zu vermeiden, dass Sie jedes Mal den vollständigen Pfad zu den Modulen eingeben müssen, wenn Sie sie ausführen.

Die Ausgabe ist:
```
C:\Users>python C:\Users\test.py
Hallo Welt!
3^2 equal to 9
```

Wenn wir das Modul test.py ausführen, werden die Ergebnisse in der Eingabeaufforderung des Betriebssystems angezeigt und verschwinden, wenn wir die Eingabeaufforderung schließen. Um die Ergebnisse in einer Datei zu speichern, können wir eine Shell-Syntax verwenden, indem wir Folgendes eingeben:

python test.py > save.txt

Die Ausgabe von test.py wird umgeleitet und in der Datei save.txt gespeichert.

Wir werden die Python-Syntax lernen. Für den Moment werden wir die Kommandozeile verwenden, um die Python-Syntax zu erkunden. Wir werden lernen, wie man einige leistungsstarke Python-Programmierplattformen einrichtet und verwendet.

Python-Syntax

Bevor wir die Python-Syntax erlernen, werden wir uns mit den wichtigsten Datentypen, die in Python verwendet werden, und mit der Struktur eines Programms beschäftigen. Ein Plan ist eine Reihe von Modulen, die eine Reihe von Anweisungen mit Ausdrücken enthalten. Diese Ausdrücke erstellen und verarbeiten Objekte, d. h. Variablen, die Daten darstellen.

PythonVariablen

In Python können wir eingebaute Objekte verwenden, nämlich Zahlen, Listen, Strings, Dictionaries, Tuples und Dateien. Python unterstützt die üblichen numerischen Typen, Integer und Float, und auch komplexe Zahlen. Strings sind Zeichenketten, während Listen und Dictionaries Sätze anderer Objekte sind, wie z. B. eine Zahl oder eine Zeichenkette oder andere Listen oder Dictionaries. Listen und Dictionaries sind indiziert und können iteriert werden.

Der Hauptunterschied zwischen Listen und Dictionaries besteht darin, wie Elemente gespeichert werden und wie sie abgerufen werden können. Die Elemente in einer Liste werden nach Position sortiert und sind abrufbar, während sie in Dictionaries nach Schlüssel gespeichert und abrufbar sind.Tupel sind wie Listen eine nach Position sortierte sammlung von Objekten. Schließlich können Sie mit Python auch Dateien als Objekte erstellen und lesen. Python bietet alle mathematischen Werkzeuge und Funktionen, um diese Objekte zu verarbeiten.

Python verlangt keine Variablendeklaration, Größe oder Typ. Variablen werden erstellt, sobald ihnen ein Wert zugewiesen wird. Zum Beispiel:

```
>>> x=5
>>> print (x) 5
>>> x= 'Hallo Welt! '
Hallo Welt!
```

Im obigen Beispiel wurde x eine Zahl und dann eine Zeichenkette zugewiesen. In Python ist es sogar möglich, den Typ von Variablen zu ändern, nachdem sie deklariert worden sind. Wir können den Typ jedes Python-Objekts mit der Funktion type () überprüfen.

```
>>>x, y, z=10,'Banana,2.4
>>>print (type(x))
<class 'int '>
>>>print(type(y))
<class 'str '>
>>> print (type(z))
<class 'float '>
```

Sowohl einfache als auch doppelte Anführungszeichen können verwendet werden, um eine String-Variable zu deklarieren.
Es dürfen nur alphanumerische Zeichen und Unterstriche (z. B. A_9) verwendet werden. Beachten Sie, dass bei den Variablennamen Groß- und Kleinschreibung beachtet wird und sie nicht mit einer Zahl beginnen dürfen. Zum Beispiel sind preis, Preis und PREIS drei verschiedene Variablen. Mehrere Variablen können in einer Zeile angegeben werden, wie im obigen Beispiel zu sehen ist.

Kapitel 3. Grundlegende Terminologie und Bezeichnungen

Mathematische Notation für maschinelles Lernen

Sie werden feststellen, dass mathematische Nomenklatur und Notationen während des gesamten Projekts in Ihrem maschinellen Lernprozess Hand in Hand gehen. Es gibt verschiedene Zeichen, Symbole, Werte und Variablen, die in der Mathematik verwendet werden, um einen beliebigen Algorithmus zu beschreiben, den man zu erreichen versucht.

Sie werden einige der mathematischen Notationen in diesem Bereich der Modellentwicklung verwenden. Sie werden feststellen, dass Werte, die mit Daten und dem Prozess des Lernens oder der Gedächtnisbildung zu tun haben, immer Vorrang haben werden. Daher sind die folgenden sechs Beispiele die am häufigsten verwendeten Bezeichnungen. Zu jeder dieser Notationen gibt es eine Beschreibung, die den Algorithmus erläutert:

Algebra

Eine Veränderung oder einen Unterschied anzeigen: Delta.
Um die Gesamtsumme aller Werte zu ermitteln: Summe.
Zur Beschreibung einer verschachtelten Funktion: Zusammengesetzte Funktion.
Gegebenenfalls Angabe der Euler- und Epsilonzahl.
Um das Produkt aller Werte zu beschreiben: Der Großbuchstabe Pi(Π).

Berechnung

Zur Beschreibung eines bestimmten Gefälles: Nabla.
Zur Beschreibung der ersten Ableitung: Ableitung.
Zur Beschreibung der zweiten Ableitung: Zweite Ableitung.
Zur Beschreibung des Wertes einer Funktion, wenn x sich Null nähert: Grenzwert.

Lineare Algebra

Variablen mit Großbuchstaben zu beschreiben sind Matrizen: Matrix.
Zur Beschreibung der Transponierung einer Matrix: Transponieren.
Zur Beschreibung einer Matrix oder eines Vektors: Klammern.
Um ein Punktprodukt zu beschreiben: Dot.
Um ein Hadamard-Produkt zu beschreiben: Hadamard.
Zur Beschreibung eines Vektors: Vektor.
Zur Beschreibung eines Vektors der Größenordnung 1: Einheitsvektor.

Wahrscheinlichkeit

Die Wahrscheinlichkeit eines Ereignisses: Probability.

Mengenlehre

Zur Beschreibung einer Liste von eindeutigen Elementen: Set.

Statistik

Zur Beschreibung des Medianwerts der Variable x: Median.
Zur Beschreibung der Korrelation zwischen den Variablen X und Y: Korrelation.
Zur Beschreibung der Standardabweichung einer Stichprobenmenge:
Standardabweichung der Stichprobe.
Zur Beschreibung der Standardabweichung der Grundgesamtheit: Standardabweichung.
Zur Beschreibung der Varianz einer Teilmenge einer Grundgesamtheit:
Stichprobenvarianz.
Zur Beschreibung der Varianz eines Populationswertes: Populationsvarianz.
Zur Beschreibung des Mittelwerts einer Teilmenge einer Grundgesamtheit:
Stichprobenmittelwert.
Zur Beschreibung des Mittelwerts der Populationswerte: Populationsmittelwert.

Im maschinellen Lernen verwendete Terminologien

Die folgenden Begriffe sind die häufigsten im Bereich des maschinellen Lernens. Der
Einstieg in das maschinelle Lernen kann sowohl beruflich als auch als Hobby im Bereich
der künstlichen Intelligenz (KI) erfolgen. In jedem Fall sind die folgenden Kategorien und
Unterkategorien von Fachbegriffen, die Sie kennen und wahrscheinlich auch verstehen
müssen, um mit Ihren Kollegen zurechtzukommen, unabhängig von Ihren Gründen. Dies
sind die Begriffe des maschinellen Lernens, die Sie kennen müssen:

1. Natürliche Sprachverarbeitung (engl. Natural Language processing, NLP)

Natürliche Sprache ist die Sprache, die Sie als Mensch verwenden, d. h. die menschliche
Sprache. Per Definition ist NLP eine Form des maschinellen Lernens, bei der die
Maschine Ihre Form der menschlichen Kommunikation erlernt. NLP ist die
Standardgrundlage für alle, wenn nicht sogar die meisten, Maschinensprachen, die es
Ihrer Maschine ermöglichen, menschliche (natürliche) Sprache zu verwenden.

Dieses NLP ermöglicht es der Maschine, auf natürliche (menschliche) Eingaben zu hören, sie zu verstehen, auszuführen und dann eine Datenausgabe zu liefern. DieMaschine kann Menschen verstehen oder so nah wie möglich mit ihnen interagieren.

Es gibt fünf Hauptphasen im NLP: maschinelle Übersetzung, Informationsbeschaffung, Stimmungsanalyse, Informationsextraktion und schließlich die Beantwortung von Fragen.Es beginnt mit der menschlichen Frage, die direkt zur maschinellen Übersetzung führt, durchläuft die anderen vier Prozesse und endet schließlich mit der Erklärung der Frage selbst. Es ist nun möglich, diese fünf Phasen, wie oben vorgeschlagen, in Unterkategorien zu unterteilen:

Textsortierung und Ranking- Dieser Schritt ist ein Filtermechanismus, der die Wichtigkeitsklasse auf der Grundlage von Relevanzalgorithmen bestimmt, die unerwünschte Dinge wie Spam oder Junk-Mails herausfiltern. Es filtert, was Vorrang hat und in welcher Reihenfolge die Aufgabe ausgeführt werden muss.

Stimmungsanalyse - Diese Analyse sagt die emotionale Reaktion auf das von der Maschine gelieferte Feedback voraus. Kundenbeziehungen und Kundenzufriedenheit sind Faktoren, die von der Stimmungsanalyse profitieren können.

Zusammenfassung von Dokumenten - Wie der Begriff schon sagt, geht es hier um kurze und präzise Definitionen von komplexen Beschreibungen. Das allgemeine Ziel ist es, das Verständnis zu erleichtern.

Named Entity Recognition (NER): Die NER oder Erkennung benannter Entitäten besteht darin, strukturierte und identifizierbare Daten aus einer Menge unstrukturierter Wörter zu gewinnen. Der maschinelle Lernprozess lernt, die am besten geeigneten Schlüsselwörter zu identifizieren, wendet diese Wörter auf den Kontext des Diskurses an und versucht, die am besten geeignete Antwort zu entwickeln.Schlüsselwörter sind z. B. der Name des Unternehmens, der Name des Mitarbeiters, das Kalenderdatum und die Uhrzeit.

Spracherkennung - Ein Beispiel für diesen Mechanismus können Geräte wie Alexa sein. Die Maschine lernt, gesprochenen Text mit dem Sprecher zu verknüpfen. Das Gerät kann Audiosignale von menschlichen Sprach- und Gesangsquellen erkennen.

Verständnis und Generierung natürlicher Sprache - Im Gegensatz zur Erkennung benannter Entitäten befassen sich diese beiden Konzepte mit der Umwandlung von Menschen in Computer und umgekehrt. Das Verstehen natürlicher Sprache ermöglicht es der Maschine, die menschliche Form des gesprochenen Textes in ein kohärentes und verständliches Computerformat umzuwandeln und zu interpretieren.

Die Generierung natürlicher Sprache hingegen erfüllt die umgekehrte Funktion, d. h. sie wandelt das falsche Computerformat in ein für den Menschen verständliches Audioformat um.

Automatische Übersetzung - Bei dieser Aktion handelt es sich um ein automatisches System zur Umwandlung von einer menschlichen Schriftsprache in eine andere menschliche Sprache. Die Umstellung ermöglicht es Menschen mit unterschiedlichem ethnischem Hintergrund und unterschiedlichem Stil, sich gegenseitig zu verstehen. Eine künstliche Intelligenz, die den Prozess des maschinellen Lernens durchlaufen hat, führt diese Arbeit aus.

2. Datensatz

Ein Datensatz ist eine Reihe von Variablen, die Sie verwenden können, um die Machbarkeit und den Fortschritt des maschinellen Lernens zu testen. Daten sind ein wesentlicher Bestandteil der Fortschritte beim maschinellen Lernen. Die Ergebnisse geben Aufschluss über Ihre Entwicklung, über Bereiche, in denen Anpassungen erforderlich sind, und über die Feinabstimmung bestimmter Faktoren. Es gibt drei Arten von Datensätzen:

Trainingsdaten - Wie der Name schon sagt, werden Trainingsdaten zur Vorhersage von Modellen verwendet, indem man das Modell durch Deduktion lernen lässt. Aufgrund der enormen Anzahl von Faktoren, die trainiert werden müssen, wird es natürlich Faktoren geben, die wichtiger sind als andere.Diesen Funktionenhaben eine Ausbildungspriorität. Ihr maschinelles Lernmodell wird die auffälligsten Funktionen verwenden, um die am besten geeigneten Muster vorherzusagen. Mit der Zeit wird Ihr Modell durch Training lernen.

Validierungsdaten - Dies sind die Daten, die für die Mikroanpassung kleiner Aspekte der verschiedenen Modelle in der Abschlussphase verwendet werden. Der Validierungstest ist keine Trainingsphase, sondern eine abschließende Vergleichsphase.Die bei der Validierung gewonnenen Daten werden zur Auswahl des endgültigen Modells verwendet. Ziel ist es, die verschiedenen Aspekte der zu vergleichenden Modelle zu validieren und dann auf der Grundlage dieser Validierungsdaten eine endgültige Entscheidung zu treffen.

Testdaten - Sobald das endgültige Modell feststeht, liefern Testdaten wichtige Informationen darüber, wie sich das Modell in der Praxis verhalten wird.Die Testdaten werden mit einem völlig anderen Satz von Parametern durchgeführt als die beim Training und bei der Validierung verwendeten. Wenn Sie das Modell mit dieser Art von Testdaten testen, können Sie feststellen, wie Ihr Modell mit anderen Arten von Eingaben umgehen wird.Sie erhalten Antworten auf die Fragen:Wie wird der Sicherheitsmechanismus reagieren? Wird der Sicherheitsmechanismus aktiviert?

3. Das Computerbild

Das Computerbild (engl. Computer Vision) befasst sich mit Tools, die die Analyse von Bild- und Videodaten auf hohem Niveau ermöglichen. Die Herausforderungen im Bereich der Computer Vision sind folgende:

Bildklassifizierung (engl. Image Classification) - Dieses Training ermöglicht es dem Modell zu erkennen und zu lernen, was verschiedene Bilder und bildliche Darstellungen sind. Das Modell muss ein vertrautes Bild beibehalten, um die Aufmerksamkeit aufrechtzuerhalten und das richtige Bild auch bei kleinen Veränderungen, wie z. B. Farbänderungen, zu erkennen.

Objekterkennung (engl. Object Detection)- Im Gegensatz zur Bildklassifizierung, die erkennt, ob sich ein Bild im Sichtfeld Ihres Modells befindet, können Sie mit der Objekterkennung Objekte identifizieren. Die Objektidentifizierung ermöglicht es dem Modell, einen großen Datensatz zu nehmen und ihn dann in einen Rahmen zu setzen, um die Mustererkennung zu erkennen. Ähnlich wie bei der Gesichtserkennung wird nach Mustern innerhalb eines bestimmten Sichtfeldes gesucht.

Bildsegmentierung (engl. Image Segmentierung) - Das Modell assoziiert ein bestimmtes Pixel im Bild oder Video mit einem zuvor gefundenen Pixel. Diese Assoziation hängt von dem Konzept des wahrscheinlichsten Szenarios ab, das auf der Häufigkeit der Assoziation zwischen einem bestimmten Pixel und einem bestimmten vorbestimmten entsprechenden Satz beruht.

Salienzerkennung- In diesem Fall geht es darum, Ihr Modell zu trainieren und zu gewöhnen, um seine Sichtbarkeit zu erhöhen. Zum Beispiel sind Anzeigen an Orten mit hohem Publikumsverkehr besser. Daher wird Ihr Modell lernen, sich in Positionen mit maximaler sozialer Sichtbarkeit zu platzieren. Diese Computer-Vision-Funktion wird natürlich die Aufmerksamkeit und Neugierde der Menschen auf sich ziehen.

4. Überwachtes Lernen

Überwachtes Lernen (engl. Supervised Learning) wird erreicht, indem die Modelle selbst anhand konkreter Beispiele gelehrt werden. Wenn Sie den Modellen zeigen wollen, wie sie eine bestimmte Aufgabe erkennen sollen, dann beschriften Sie den Datensatz für diese bestimmte überwachte Aufgabe. Die Menge der beschrifteten Beispiele wird dann dem Modell vorgelegt,und sein Lernen wird durch Überwachung kontrolliert.Die Modelle lernen von selbst, wenn sie ständig den richtigen Mustern ausgesetzt sind. Wenn Sie die Markenbekanntheit fördern wollen, können Sie das überwachte Lernen anwenden, bei dem das Modell anhand des Produktbeispiels gelehrt wird und seine Werbekunst beherrscht.

5. Unüberwachtes Lernen (engl. Unsupervised Lernen)

Dieser Lernprozess ist das Gegenteil des überwachten Lernens. In diesem Fall lernen Ihre Modelle durch Beobachtungen. Es gibt keine Überwachung und die Datensätze sind nicht beschriftet; daher gibt es keinen korrekten Basiswert, wie man ihn bei der überwachten Methode lernt.

Hier können Ihre Modelle durch ständige Beobachtung die richtigen Wahrheiten ermitteln. Unüberwachte Modelle lernen in der Regel durch Assoziationen zwischen verschiedenen Strukturen und grundlegenden Merkmalen, die den Datensätzen gemeinsam sind.Da sich unüberwachtes Lernen mit ähnlichen Gruppen verwandter Datensätze befasst, sind sie für das Clustering nützlich.

6. Verstärkendes Lernen (engl. Reinforcement Learning)

Beim Verstärkungslernen lernt Ihr Modell, das beste Ergebnis anzustreben. Für die korrekte Ausführung der zugewiesenen Aufgaben erhält das Modell eine Belohnung. Diese Lerntechnik ist eine Form der Ermutigung für Ihr Modell, immer die richtige Handlung auszuführen und sie gut oder so gut wie möglich auszuführen.Nach einiger Zeit wird Ihr Modell lernen, ein Geschenk oder einen Gefallen zu erwarten, und deshalb wird es sich immer um das beste Ergebnis bemühen.

Dieses Beispiel ist eine Form der positiven Verstärkung. Sie belohnt gutes Verhalten. Es gibt jedoch auch eine andere Art der Unterstützung,die negative Verstärkung.Negative Verstärkung zielt darauf ab, schlechtes Verhalten zu bestrafen oder davon abzuschrecken. Das Modell wird gerügt, wenn die Aufsichtsperson den erwarteten Standard night erfüllt hat.Das Modell lernt, dass schlechtes Verhalten Strafen nagh sich zieht, und wird sich immer wieder bemühen, gut zu sein.

7. Neuronale Netze

Ein neuronales Netz ist eine Reihe von Modellen, die durch künstliche Intelligenz miteinander verbunden sind. Diese Modelle sind zwar synthetisch, weisen aber dieselbe Ebene von Interaktionen auf, die zwischen Menschen beobachtet werden können. Aufgrund der langen Lern- und Einarbeitungszeit der Modelle hängt der Grad ihrer Interkonnektivität von einem grundlegenden automatisierten Basissystem ab.

Kapitel 4. Modellbewertung und Vorhersage von ungesehenen Dateninstanzen

Warum entscheiden Sie sich für Python im Vergleich zu anderen Datenwissenschaftstools?

Python ist die Programmiersprache der Wahl für die regelmäßige Arbeit von Informationsforschern und ist eines der grundlegenden Systeme für die Informationsanalyse in der Geschäftswelt.Python ist ideal für Informationsforscher, die numerische Programmierung in ihren Leistungsrahmen aktualisieren oder Informationen in elektronischen Anwendungen verknüpfen müssen. Es ist auch sinnvoll, Rahmen zu verwenden, was die PC-Forscher ebenfalls tun müssen.

Gehen wir davon aus, dass die Anwendung in einer natürlichen und durchschnittlichen Weise geschrieben ist. In diesem Fall wird sie als "pythonisch" bezeichnet. Darüber hinaus ist Python immer wieder für bestimmte Beschränkungen bekannt, die sich in den Köpfen der Data-Science-Planer festgesetzt haben.

Unkompliziertes Lernen

Die attraktivste Eigenschaft von Python ist, dass jeder, der es lernen muss, auch ein Laie, dies schnell und effektiv tun kann. Dies ist eine der Grunde, warum Python von seinen Anfänger bevorzugt wird. Es ist auch für dynamische Menschen, die mit einer kurzen Bedenkzeit beitragen - Insbesondere ermöglicht R ein vereinfachtes Lernverfahren, um die phonetische Struktur anstelle mehrerer Sprachen zu verstehen.

Bibliotheken für Datenwissenschaft

Der Grund für die Bevorzugung von Python für die Datenwissenschaft liegt darin, dass Python einen größeren Umfang an Ressourcen bietet, die für Data Mining und PC-Pflege verwendet werden. Die meisten Datenwissenschaftler, die Python verwenden, stellen fest, dass diese universelle Programmiersprache eine breite Palette von Problemen löst, indem sie innovative Ansätze zur Lösung von Problemen bietet, die zuvor als unlösbar galten.

Erweiterbar

Wie alle verwendeten Sprachen, einschließlich R, zeichnet sich Python durch seine Flexibilität aus. Sie ist viel weniger unberechenbar als die Sprachen Stata und MATLAB.Diese Größe der Backups bietet den Datenwissenschaftlern Flexibilität und verschiedene Möglichkeiten, mit unterschiedlichen Situationen umzugehen. Python wird in einer Vielzahl von Unternehmen eingesetzt, um die Geschwindigkeit und Effizienz bei der Durchführung von Prozessen in allen Bereichen des Unternehmens zu verbessern.

Eine riesige Gemeinschaft für Python

Einer der Gründe, warum Python so unglaublich bekannt ist, ist eine Folge des heutigen Lebensstils. Je mehr Data-Science-Pakete verfügbar werden, desto mehr Menschen beteiligen sich am Aufbau neuer Speichereinrichtungen für Data Science.Sie fördert auch die Verfeinerung der fortschrittlichsten und offensten Programmier- und Anmeldestrategien von heute, was erklärt, warum viele Menschen Python für Data Science verwenden.

Lifestyle ist ein Lebensstil-Ansatz, der es leichter macht, die Antwort auf ein Problem zu finden. Sie müssen das Internet optimal nutzen, um schnell eine Antwort auf bestimmte Fragen zu finden oder mit jemandem zu sprechen, der Ihnen Lösungen anbieten kann.Bei Stack Overflow und Code Mentor können sich Ingenieure sogar mit Kollegen zusammenschließen.

Warum passen Python und Data Science gut zusammen?

Die Datenwissenschaft umfasst die Extrapolation nützlicher Informationen aus riesigen Datensätzen, Informationsdatenbanken und Informationsspeichern.Diese Ergebnisse sind oft nicht klassifiziert und schwer mit angemessener Genauigkeit zu bewerten. ML kann verschiedene Datensätze miteinander in Beziehung setzen, erfordert jedoch eine kritische Genauigkeit bei der Berechnung. Python erfüllt diese Anforderung, weil es eine universelle Programmiersprache ist. Es ermöglicht eine CSV-Ausgabe in einer Tabellenkalkulation zum schnellen Ablesen der Ergebnisse. Darüber hinaus können auch komplexere Ausgabedateien für die Verarbeitung durch ML-Cluster verarbeitet werden. So basieren beispielsweise Wettervorhersagen auf historischen Messungen aus Wetterberichten, die mehr als ein Jahrhundert zurückreichen. Die ML kann auch die Zuverlässigkeit der Vorhersagen auf der Grundlage historischer Wettermuster verbessern.Python ist dazu in der Lage, weil die Codeausführung effizient und leichtgewichtig ist, aber dennoch vielseitig einsetzbar. Python kann auch strukturierte, funktionale Programmierung und objektorientierte Muster zulassen, was bedeutet, dass es unter allen Umständen verwendet werden kann.

Der Python-Paketindex enthält inzwischen mehr als 100.000 Bibliotheken, und diese Zahl wächst weiter. Wie oben beschrieben, bietet Python mehrere Bibliotheken für die Datenwissenschaft. Eine einfache Google-Suche zeigt eine Vielzahl von Top-10-Python-Bibliotheken für Data Science-Listen.Die am weitesten verbreitete Bibliothek für die Datenanalyse ist wahrscheinlich die Open-Source-Bibliothek pandas. Es handelt sich um eine Reihe von hochentwickelten Anwendungen, die die Datenanalyse mit Python sehr vereinfachen.

Python verfügt über eine Reihe von Werkzeugen, mit denen sich eine breite Palette leistungsfähiger Funktionen ausführen lässt, unabhängig davon, was Experten mit Python machen wollen, sei es präskriptive Analytik oder prädiktive Kausalanalyse. Es sollte nicht überraschen, dass Datenwissenschaftler Python zu ihrer ersten Wahl gemacht haben.

Datenwissenschaft Statistisches Lernen

Statistisches Lernen ist eine Methode zur Interpretation von Ergebnissen auf der Grundlage von Statistiken und wird entweder als unüberwacht oder überwacht eingestuft.

Ein einfacher Ansatz zur Erklärung des statistischen Lernens besteht darin, die Beziehung zwischen Vorhersagevariablen (Merkmale, unabhängige Variablen) und Antworten (abhängige Variable) zu bewerten und ein objektives Modell zu erstellen, das die Antwortvariable (Y) in Abhängigkeit von den Vorhersagevariablen (X) vorhersagen kann.

Inferenz und Vorhersage

In Fällen, in denen eine Reihe von Eingaben, X leicht zugänglich ist. Die Ausgabe Y wird jedoch nicht verstanden. Manchmal betrachten wir f als eine Blackbox (die nichts mit der genauen Form von f zu tun hat), auch wenn sie genaue Vorhersagen für Y liefert. Dies ist ein Näherungswert.

Es gibt Fälle, in denen wir untersuchen wollen, wie Y beeinflusst wird, wenn sich X verbessert. In dieser Situation wollen wir f schätzen, aber unser Ziel ist nicht wirklich, Prognosen für Y zu erstellen. Unser Ziel ist es jedoch, den Zusammenhang zwischen X und Y zu erklären. Aber f kann nicht als Black Box betrachtet werden, da wir die genaue Struktur kennen müssen. Dies ist eine Schlussfolgerung. Im wirklichen Leben gibt es viele Fragen, die auf den Prämisen oder Annahmen, Schlussfolgerungen oder einer Mischung aus beidem beruhen.

Parametrische und nicht-parametrische Funktionen

Wenn man das statistische Modell weglässt und versucht, f durch die Messung einer Reihe von Parametern zu approximieren, werden solche Methoden als parametrische Techniken bezeichnet.

Nicht-parametrische Verfahren machen keine eindeutigen Aussagen über die Form von f, sondern versuchen, ein f zu approximieren, das den Datensätzen so nahe wie möglich kommt.

Modellinterpretierbarkeit und Vorhersagegenauigkeit

Unter den zahlreichen Ansätzen, die wir für die Untersuchung von Statistiken verwenden, gibt es andere, die weniger vielseitig oder starrer sind. Wenn es um Schlussfolgerungen geht, haben bequeme und unflexible Methoden der mathematischen Analyse Vorteile. Wenn wir nur modellieren, werden wir zugängliche modulare Modelle verwenden.

Bewertung der Genauigkeit des Modells

Schätzungen gibt es nicht zum Nulltarif, was garantiert, dass kein einzelner Ansatz alle anderen für alle verfügbaren Datensätze übertrifft. Der am häufigsten verwendete Faktor im Rahmen der Regression ist der MSE (mittlerer quadratischer Fehler).Die am häufigsten verwendete Metrik im Rahmen der Klassifizierung ist die Unsicherheitsmatrix. Das Hauptmerkmal des mathematischen Lernens ist, dass der Trainingsfehler mit zunehmender Variabilität des Modells abnimmt, der Testfehler jedoch nicht.

Varianz und Bias

Die Verzerrung (engl. Bias) ist die vereinfachende Annahme, die ein Designer schafft, um das Verständnis der Zielaufgabe zu erleichtern. Parametrische Modelle haben eine starke Verzerrung, was sie zwar leichter verständlich macht, aber auch weniger vielseitig. ML-Algorithmen mit geringer Verzerrungsind Entscheidungsbäume, K-nächste Nachbarn (engl. K-nearest neighbors). und Hilfsvektormaschinen. Lineare Regression, bedingte logistische Regression und Diskriminanzanalyse sind ML-Methoden mit hoher Verzerrung.
Die Varianz ist der Parameter, der die Vorhersage der Zielrolle verändern könnte, wenn bestimmte Trainingsdaten verwendet werden. Es gibt eine Vielzahl nicht-parametrischer Gleichungen, die viele Variablen liefern. Logistische und lineare Regression und lineare Diskriminanzanalyse sind maschinelle Lerntechniken mit kleinen Varianzen. Entscheidungsbäume, k-Nächste Nachbarn und Hilfsvektormaschinen sind ML-Algorithmen mit großer Varianz.

Beziehung zwischen der Variablen und Bias

Die Beziehung beim statistischen Lernen zwischen der Variablen und der Bias so, dass:
Die Variable kann mit zunehmender Verzerrung abnehmen.
Eine Erhöhung der Variablen kann die Verzerrung verringern.
Es gibt einen Kompromiss zwischen diesen beiden Überlegungen und den von uns verwendeten Modellen, und mit unserer Frage geben wie ihnen den Fokus, mit dem wir sie personalisieren wollen, indem wir verschiedene Kompromisse zwischen ihnen herstellen.
Die Wahl des richtigen Maßes an Vielseitigkeit sowohl bei der Klassifizierung als auch bei der Regression ist entscheidend für die Leistung jedes prädiktiven Lernprozesses.Der Kompromiss zwischen der variablen und Verzerrung und dem daraus resultierenden U-Formdes Testfehlers machen dies zu einer großen Herausforderung.

Beziehung zwischen Big Data und Maschinellem Lernen (ML)

Angesichts der großen Datenmengen, die von Privatpersonen und Unternehmen in rasantem Tempo produziert werden, haben sich verschiedene Konzepte wie Big Data, Deep Learning usw. entwickelt. Wir sollten uns fragen, ob wir alle davon profitieren.Wir werden untersuchen, wie Big DataML bei der Entscheidungsfindung hilft.

Moderne Unternehmen sind sich der Bedeutung von Big Data bewusst und haben erkannt, dass diese Daten in Kombination mit automatisierten Prozessen viel effizienter genutzt werden können - und genau hier kommt die Leistung von ML ins Spiel.ML-Systeme helfen den Unternehmen in vielerlei Hinsicht, z. B. bei der Pflege, Auswertung und Nutzung der gewonnenen Daten, und zwar auf wesentlich effizientere Weise als bisher.

ML wird definiert als eine Reihe von Technologien, die es Computern und computergesteuerten Maschinen ermöglichen, auf der Grundlage ihrer eigenen Erfahrungen zu lernen, etwas zu schaffen und sich zu verbessern.Alle großen Unternehmen, großen Softwareorganisationen und Informatiker im Allgemeinen behaupten, dass Big Data im Bereich des maschinellen Lernens einen entscheidenden Wendepunkt darstellen kann.

ML ist eine fortgeschrittene Form der künstlichen Intelligenz, die darauf ausgelegt ist, neue Informationen aus ihren eigenen Datensätzen zu lernen. Es basiert auf der Prämisse, dass Maschinen aus Ergebnissen lernen, Nutzertrends erkennen und Entscheidungen ohne menschliches Zutun treffen können.

Obwohl es ML schon seit Jahrzehnten gibt, gibt es heute Modelle, die größere und komplexere Datensätze analysieren und schnell und in großem Umfang zuverlässigere Daten erzeugen können.Durch die Entwicklung dieser Modelle wird ein Unternehmen eher in der Lage sein, Geschäftsmöglichkeiten zu erkennen und seine Gewinne zu steigern.

ML bedeutet, dass es keine vorherigen Annahmen gibt. Wenn ML-Algorithmen mit den richtigen Daten versorgt werden, verarbeitet ML diese und erkennt so Trends.Sie werden auch spezifische Ergebnisse in anderen Datensätzen verwenden. Dieser Ansatz gilt für große Datensätze.Je detaillierter sie also sind, desto zuverlässiger sind die Prognosen. Hier wird der Einfluss von Big Data also immer größer.

Kapitel 5. Erstellung guter Trainingsdatensätze

Wir stellen Datenmanagement in Form eines Pandas-Datenframeworks und explorative Datenanalysetechniken (engl. Exploratory Data Analysis, EDA) zur Abfrage von Daten vor. Als wesentlicher Bestandteil der Datenprüfung fasst EDA die kritischen Merkmale Ihres Datensatzes zusammen, um ihn für die Verarbeitung vorzubereiten. Dazu gehört es, die Form und Verteilung der Daten zu verstehen, nach fehlenden Werten zu suchen, die wichtigsten Merkmale anhand der Korrelation zu ermitteln und sich mit dem Inhalt des Datensatzes vertraut zu machen.Die Sammlung dieser Informationen trägt zur Auswahl von Algorithmen und zur Hervorhebung von Aspekten des Datensatzes bei, die für die weitere Verarbeitung bereinigt werden müssen.Mit Pandas können wir eine Reihe von einfachen Techniken zur Zusammenfassung von Daten und andere Möglichkeiten zur Visualisierung von Daten mit Seaborn und Matplotlib nutzen. Zunächst importieren wir Pandas, Seaborn und Matplotlib inline, indem wir den folgenden Code in Jupyter Notebook verwenden.

```
import pandas as pd
import seaborn as sns
%matplotlib inline
```

Beachten Sie, dass wir mit der inline-Funktion von Matplotlib Grafiken direkt unter der entsprechenden Codezelle in Jupyter Notebook oder anderen Frontends anzeigen können.

Datensätze importieren

Datensätze können aus einer Vielzahl von Quellen importiert werden, darunter interne und externe Dateien sowie selbst erstellte Zufallsdatensätze, sogenannte Blobs. Der nächste Beispieldatensatz ist ein externer Datensatz, der von Kaggle heruntergeladen wurde und Berlin Airbnb Dataset heißt.

Diese Daten wurden von Airbnb extrahiert und enthalten detaillierte Auflistungen von Unterkünften in Berlin, einschließlich Preis, Lage und Bewertungen.

Feature	Data Type	Continuous/Discrete
id	Integer	Discrete
name	String	Discrete
host_id	Integer	Discrete
host_name	String	Discrete
neighbourhood_group	String	Discrete
neighbourhood	String	Discrete
latitude	String	Discrete
longitude	String	Discrete
room_type	String	Discrete
price	Integer	Continuous
minimum_nights	Integer	Continuous
number_of_reviews	Integer	Continuous
last_review	TimeDate	Discrete
reviews_per_month	Floating-point	Continuous
calculated_host_listings_count	Integer	Continuous
availability_365	Integer	Continuous

Airbnb Berlin Datensatz Übersicht
Nachdem Sie ein kostenloses Konto registriert und sich bei Kaggle angemeldet haben, laden Sie den Datensatz als Zip-Datei herunter. Entpacken Sie dann die heruntergeladene Datei listings.csv und importieren Sie sie mit pd.read_csv als Pandas-Datenframe in Jupyter Notebook.
df = pd.read_csv('~/Downloads/listings.csv')

Beachten Sie, dass Sie der Variablen einen Namen zuweisen müssen, um den Datensatz für spätere Suchen zu speichern.Übliche Variablennamen für Datenrahmen sind "df" oder "dataframe", aber Sie können auch einen anderen Variablennamen wählen, solange er den Python-Namenskonventionen entspricht.

Beachten Sie, dass der Pfad zu Ihrem Datensatz je nach Speicherort und Betriebssystem Ihres Computers variieren kann.

Wenn Sie die Datei unter Windows auf dem Desktop speichern, müssen Sie die .csv-Datei mit einer ähnlichen Struktur wie in diesem Beispiel importieren:

```
df = pd.read_csv('C:\\Users\\John\\Desktop\\listings.csv')
```

Vorschau auf den Datenrahmen

Wir können nun den Pandas-Befehl head() verwenden, um eine Vorschau des Datenrahmens in Jupyter Notebook anzuzeigen. Der Befehl head() muss nach dem Namen der Datenrahmenvariable df stehen.
```
df.head()
```
Um eine Vorschau des Datenrahmens zu erhalten, führen Sie den Code aus, indem Sie die rechte Maustaste drücken und „Run" wählen oder indem Sie im Menü des JupyterNotebook navigieren: Cell >Run All.

„Run All" aus dem Navigationsmenü

Nach dem Ausführen des Codes füllt Pandas den importierten Datensatz als Datenrahmen auf, wie im Screenshot gezeigt.

```
1  import pandas as pd
2  import seaborn as sns
3  %matplotlib inline
4
5  df = pd.read_csv('~/Downloads/listings.csv')
6
7  df.head()
8
```

	id	name	host_id	host_name	neighbourhood_group	neighbourhood	latitude	longitude	room_type	price
0	2015	Berlin-Mitte Value! Quiet courtyard/very central	2217	Ian	Mitte	Brunnenstr. Süd	52.534537	13.402557	Entire home/apt	60
1	2695	Prenzlauer Berg close to Mauerpark	2986	Michael	Pankow	Prenzlauer Berg Nordwest	52.548513	13.404553	Private room	17
2	3176	Fabulous Flat in great Location	3718	Britta	Pankow	Prenzlauer Berg Südwest	52.534996	13.417579	Entire home/apt	90
3	3309	BerlinSpot Schöneberg near KaDeWe	4108	Jana	Tempelhof - Schöneberg	Schöneberg-Nord	52.498855	13.349065	Private room	26
4	7071	BrightRoom with sunny greenview!	17391	Bright	Pankow	Helmholtzplatz	52.543157	13.415091	Private room	42

Vorschau eines Datenrahmens in Jupyter Notebook mit head()

Beachten Sie, dass die erste Zeile (ID 2015, in Mitte) an Position 0 des Datenrahmens indiziert ist. Die fünfte Zeile wird an Position 4 indiziert.Die Elementindizierung in Python beginnt bei 0, was bedeutet, dass Sie beim Aufruf einer bestimmten Zeile im Datenrahmen 1 von der tatsächlichen Anzahl der Zeilen abziehen müssen.

Die Spalten des Datenrahmens sind zwar nicht numerisch beschriftet, folgen aber der gleichen Logik. Die erste Spalte (ID) ist bei 0 indiziert, und die fünfte Spalte (neighbourhood_group) ist bei 4 indiziert. Dies ist ein festes Merkmal der Arbeit in Python und etwas, das man im Auge behalten sollte, wenn man bestimmte Zeilen oder Spalten aufruft.

Standardmäßig zeigt head() die ersten fünf Zeilen des Datenrahmens an, aber es ist möglich, die Anzahl der Zeilen zu erweitern, indem man n Anzahl der Zeilen in Klammern angibt, wie in Abbildung 9 gezeigt.

```
5  df = pd.read_csv('~/Downloads/listings.csv')
6
7  df.head(10)
```

	id	name	host_id	host_name	neighbourhood_group	neighbourhood	latitude	longitude	room_type	price	minimum_nights
0	2015	Berlin-Mitte Value! Quiet courtyard/very central	2217	Ian	Mitte	Brunnenstr. Süd	52.534537	13.402557	Entire home/apt	60	4
1	2695	Prenzlauer Berg close to Mauerpark	2986	Michael	Pankow	Prenzlauer Berg Nordwest	52.548513	13.404553	Private room	17	2
2	3176	Fabulous Flat in great Location	3718	Britta	Pankow	Prenzlauer Berg Südwest	52.534996	13.417579	Entire home/apt	90	62
3	3309	BerlinSpot Schöneberg near KaDeWe	4108	Jana	Tempelhof - Schöneberg	Schöneberg-Nord	52.498855	13.349065	Private room	26	5
4	7071	BrightRoom with sunny greenview!	17391	Bright	Pankow	Helmholtzplatz	52.543157	13.415091	Private room	42	2
5	9991	Georgeous flat - outstanding views	33852	Philipp	Pankow	Prenzlauer Berg Südwest	52.533031	13.416047	Entire home/apt	180	6
6	14325	Apartment in Prenzlauer Berg	55531	Chris + Oliver	Pankow	Prenzlauer Berg Nordwest	52.547846	13.405562	Entire home/apt	70	90
7	16401	APARTMENT TO RENT	59666	Melanie	Friedrichshain-Kreuzberg	Frankfurter Allee Süd FK	52.510514	13.457850	Private room	120	30
8	16644	In the Heart of Berlin - Kreuzberg	64696	Rene	Friedrichshain-Kreuzberg	nördliche Luisenstadt	52.504792	13.435102	Entire home/apt	90	60
9	17409	Downtown Above The Roofs In	67590	Wolfram	Pankow	Prenzlauer Berg Südwest	52.529071	13.412843	Private room	45	3

Vorschau der ersten zehn Zeilen eines Datenrahmens

Das Argument head(10) wird verwendet, um eine Vorschau der ersten zehn Zeilen des Datenrahmens anzuzeigen. Sie können auch die verborgenen Spalten auf der rechten Seite anzeigen, indem Sie in Jupyter Notebook nach rechts scrollen.Was die Zeilen anbelangt, so kann nur das, was im Code angegeben ist, in der Vorschau angezeigt werden.

Schließlich wird manchmal n= in head() eingefügt, eine alternative Methode, um die Anzahl der Zeilen in der Vorschau anzugeben.

Beispiel-Code:

```
df.head(n=10)
```
DataFrame Tail

Die umgekehrte Operation zur Vorschau der ersten n Zeilen des Datenrahmens ist die Methode tail(), die die letzten n Zeilen des Datenrahmens anzeigt.

Unten sehen Sie ein Beispiel für die Vorschau des Datenrahmens mit tail(), die standardmäßig ebenfalls fünf Zeilen anzeigt. Auch hier müssen Sie den Code ausführen, um die Ausgabe zu sehen.

```
1  import pandas as pd
2  import seaborn as sns
3  %matplotlib inline
4
5  df = pd.read_csv('~/Downloads/listings.csv')
6
7  df.tail()
```

	id	name	host_id	host_name	neighbourhood_group	neighbourhood	latitude	longitude	room_type	price	minimum_nights
22547	29856708	Cozy Apartment right in the center of Berlin	87555909	Ulisses	Mitte	Brunnenstr. Süd	52.533865	13.400731	Entire home/apt	60	2
22548	29857108	Altbau/ Schöneberger Kiez / Schlafsofa	67537363	Jörg	Tempelhof - Schöneberg	Schöneberg-Nord	52.496211	13.341738	Shared room	20	1
22549	29864272	Artists loft with garden in the center of Berlin	3146923	Martin	Pankow	Prenzlauer Berg Südwest	52.531800	13.411999	Entire home/apt	85	3
22550	29866805	Room for two with private shower / WC	36961901	Arte Luise	Mitte	Alexanderplatz	52.520802	13.378688	Private room	99	1
22551	29867352	Sunny, modern and cozy flat in Berlin Neukölln :)	177464875	Sebastian	Neukölln	Schillerpromenade	52.473762	13.424447	Private room	45	5

Vorschau auf die letzten fünf Zeilen eines Datenrahmens mit tail()

Suche nach einem Zeilenelement

Die Befehle head und tail sind zwar nützlich, um sich einen Überblick über die Grundstruktur des Datenrahmens zu verschaffen, aber sie sind nicht geeignet, um eine oder mehrere Zeilen in der Mitte eines großen Datensatzes zu finden. Um eine bestimmte Zeile oder einen bestimmten Abschnitt der Datendatei abzurufen, können wir den Befehl iloc[] verwenden, wie in der nächsten Abbildung gezeigt.

```
df.iloc[99]
```

```
1   import pandas as pd
2   import seaborn as sns
3   %matplotlib inline
4
5   df = pd.read_csv('~/Downloads/listings.csv')
6
7   df.iloc[99]
```

```
id                                                      151249
name                           Quiet, Terrasse, cats, baby equiped
host_id                                                 728298
host_name                                                Julia
neighbourhood_group                   Friedrichshain-Kreuzberg
neighbourhood                          Südliche Friedrichstadt
latitude                                                52.4968
longitude                                               13.4168
room_type                                       Entire home/apt
price                                                        81
minimum_nights                                               1
number_of_reviews                                           10
last_review                                         2018-09-16
reviews_per_month                                         0.26
calculated_host_listings_count                              1
availability_365                                           342
Name: 99, dtype: object
```

Suche nach einer Linie mit .loc[ ]

In diesem Fall wird df.iloc[99] verwendet, um die indizierte Zeile an Position 99 des Datenrahmens mit der ID 151249 (eine Liste im Cluster Friedrichshain-Kreuzberg) abzurufen.

Der Befehl Shape

Eine schnelle Möglichkeit, die Größe des Datenrahmens zu steuern, ist der Befehl shape, der Zeilen und Spalten im Datenrahmen erzeugt.Dies ist sehr nützlich, da sich die Größe des Datensatzes wahrscheinlich ändern wird, wenn fehlende Werte entfernt, neue Merkmale erstellt oder Merkmale gelöscht werden.

Um die Anzahl der Zeilen und Spalten im Datenrahmen abzufragen, können Sie den Befehl shape verwenden, dem der Name des Datensatzes vorangestellt wird (Klammern werden bei diesem Befehl nicht verwendet).

df.shape

```
1  import pandas as pd
2  import seaborn as sns
3  %matplotlib inline
4
5  df = pd.read_csv('~/Downloads/listings.csv')
6
7  df.shape
```

(22552, 16)

Überprüfung desBefehls shape (Anzahl der Zeilen und Spalten) des Datenrahmens
Im Falle dieses Datenrahmens gibt es 22.552 Zeilen und 16 Spalten.

Der Befehl Columns

Ein weiterer nützlicher Befehl ist der Befehl columns, der die Spaltenüberschriften der
Spalten im Datenrahmen ausgibt. Dies ist nützlich für das Kopieren und Einfügen von
Spalten in den Code oder zur Klärung des Namens bestimmter Variablen.
df.columns

```
1  import pandas as pd
2  import seaborn as sns
3  %matplotlib inline
4
5  df = pd.read_csv('~/Downloads/listings.csv')
6
7  df.columns
```

```
Index(['id', 'name', 'host_id', 'host_name', 'neighbourhood_group',
       'neighbourhood', 'latitude', 'longitude', 'room_type', 'price',
       'minimum_nights', 'number_of_reviews', 'last_review',
       'reviews_per_month', 'calculated_host_listings_count',
       'availability_365'],
      dtype='object')
```

Spalten drucken

Die Methode Describe

Die Methode describe() ist nützlich, um eine Zusammenfassung der Werte von
Mittelwert, Standardabweichung und IQR (engl. Interquartile Range) des Datenrahmens
zu erstellen. Diese Methode funktioniert am besten mit kontinuierlichen Werten
(Ganzzahlen oder Gleitkommazahlen, die aggregiert werden können).
df.describe()

```
1  import pandas as pd
2  import seaborn as sns
3  %matplotlib inline
4
5  df = pd.read_csv('~/Downloads/listings.csv')
6
7  df.describe()
```

	id	host_id	latitude	longitude	price	minimum_nights	number_of_reviews	reviews_per_month	calculated_host_listings
count	2.255200e+04	2.255200e+04	22552.000000	22552.000000	22552.000000	22552.000000	22552.000000	18638.000000	22552
mean	1.571560e+07	5.403355e+07	52.509824	13.406107	67.143668	7.157059	17.840679	1.135525	1
std	8.552069e+06	5.816290e+07	0.030825	0.057964	220.266210	40.665073	36.769624	1.507082	3
min	2.015000e+03	2.217000e+03	52.345803	13.103557	0.000000	1.000000	0.000000	0.010000	1
25%	8.065954e+06	9.240002e+06	52.489065	13.375411	30.000000	2.000000	1.000000	0.180000	1
50%	1.686638e+07	3.126711e+07	52.509079	13.416779	45.000000	2.000000	5.000000	0.540000	1
75%	2.258393e+07	8.067518e+07	52.532669	13.439259	70.000000	4.000000	16.000000	1.500000	1
max	2.986735e+07	2.245081e+08	52.651670	13.757642	9000.000000	5000.000000	498.000000	36.670000	45

Verwenden Sie die Methode describe, um den Datenrahmen zusammenzufassen. Standardmäßig schließt describe() Spalten mit nicht-numerischen Werten aus und liefert stattdessen eine statistische Zusammenfassung der Spalten mit numerischen Werten.Es ist jedoch auch möglich, diesen Befehl für nicht-numerische Werte auszuführen, indem man das Argument include='all' in Klammern hinzufügt, um zusammenfassende Statistiken sowohl für numerische als auch für nicht-numerische Spalten zu erhalten (sofern zutreffend).
df.describe(include='all')

```
1  import pandas as pd
2  import seaborn as sns
3  %matplotlib inline
4
5  df = pd.read_csv('~/Downloads/listings.csv')
6
7  df.describe(include='all')
```

	id	name	host_id	host_name	neighbourhood_group	neighbourhood	latitude	longitude	room_type	price	minim
count	2.255200e+04	22493	2.255200e+04	22526	22552	22552	22552.000000	22552.000000	22552	22552.000000	225
unique	NaN	21873	NaN	5997	12	136	NaN	NaN	3	NaN	
top	NaN	Berlin Wohnung	NaN	Anna	Friedrichshain-Kreuzberg	Tempelhofer Vorstadt	NaN	NaN	Private room	NaN	
freq	NaN	14	NaN	216	5497	1325	NaN	NaN	11534	NaN	
mean	1.571560e+07	NaN	5.403355e+07	NaN	NaN	NaN	52.509824	13.406107	NaN	67.143668	
std	8.552069e+06	NaN	5.816290e+07	NaN	NaN	NaN	0.030825	0.057964	NaN	220.266210	
min	2.015000e+03	NaN	2.217000e+03	NaN	NaN	NaN	52.345803	13.103557	NaN	0.000000	
25%	8.065954e+06	NaN	9.240002e+06	NaN	NaN	NaN	52.489065	13.375411	NaN	30.000000	
50%	1.686638e+07	NaN	3.126711e+07	NaN	NaN	NaN	52.509079	13.416779	NaN	45.000000	
75%	2.258393e+07	NaN	8.067518e+07	NaN	NaN	NaN	52.532669	13.439259	NaN	70.000000	
max	2.986735e+07	NaN	2.245081e+08	NaN	NaN	NaN	52.651670	13.757642	NaN	9000.000000	50

Alle der Beschreibung hinzugefügten Variablen

Nach der Konsolidierung der Methoden für die Inspektion und Abfrage der Größe des Datenrahmens mit Pandas werden wir zur Erstellung visueller Zusammenfassungen der Daten mit Seaborn und Matplotlib übergehen.

Pairplot

Eine der bekanntesten Untersuchungstechniken zum Erkennen von Mustern zwischen zwei Variablen ist das Paardiagramm (engl. Pairplot). Ein Pairplot hat die Form eines zwei- oder dreidimensionalen Gitters von Plots, in denen Variablen mit anderen Variablen aus dem Datenrahmen verglichen werden, wie in Abbildung 16 dargestellt.
sns.pairplot(df,vars=['price','number_of_reviews','availability_365'])

```
1  import pandas as pd
2  import seaborn as sns
3  %matplotlib inline
4
5  df = pd.read_csv('~/Downloads/listings.csv')
6  sns.pairplot(df,vars=['price','number_of_reviews','availability_365'])
7
```

<seaborn.axisgrid.PairGrid at 0x1a1a684240>

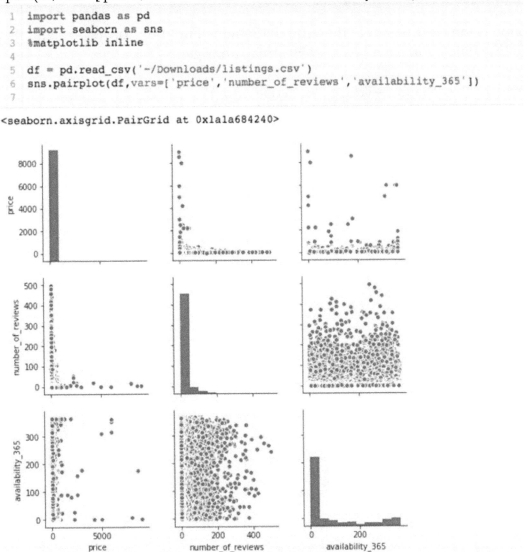

Beispiel für ein paarweises Raster auf der Grundlage von drei ausgewählten Variablen

Mit Hilfe eines Seaborn-Paar-Diagramms haben wir drei ausgewählte Variablen gegeneinander aufgetragen, was uns hilft, die Beziehungen und die Varianz zwischen diesen Variablen zu verstehen.Bei der Gegenüberstellung mit anderen Variablen (multivariat) erfolgt die Darstellung in Form eines Streudiagramms, bei der Gegenüberstellung mit derselben Variable (univariat) wird ein einfaches Histogramm erstellt.

Wärmekarten

Wärmekarten (engl. Heatmaps) sind sehr nützlich, um die Beziehungen zwischen den Variablen zu überprüfen und zu verstehen. Die Variablen werden als Spalten und Zeilen in einer Matrix strukturiert, und die einzelnen Werte werden als Farben in einer Heatmap dargestellt.

Wir können eine Heatmap in Python mit der Pandas-Funktion corr (Korrelation) erstellen und die Ergebnisse mit einer Seaborn-Heatmap anzeigen.

```
df_corr = df.corr()
sns.heatmap(df_corr,annot=True,cmap='coolwarm')
```

```
10  df_corr = df.corr()
11  sns.heatmap(df_corr,annot=True,cmap='coolwarm')
12
```

<matplotlib.axes._subplots.AxesSubplot at 0x1a1f25bc18>

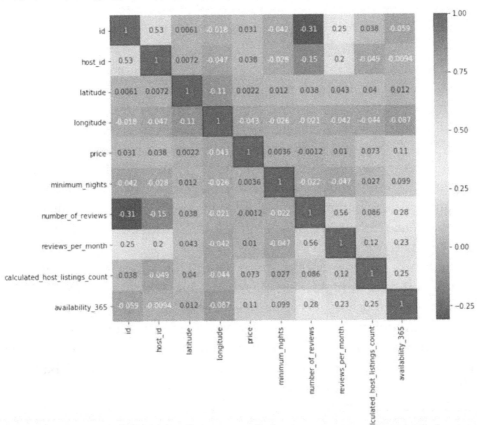

Beispiel für eine Heatmap mit kommentierten Korrelationswerten

Kapitel 6. Kombination verschiedener Modelle für Ensemble-Lernen

Wenn wir wichtige Entscheidungen treffen, ziehen wir es oft vor, mehrere Meinungen einzuholen, anstatt auf eine einzige Stimme oder die erste Person zu hören, die eine Meinung vertritt. Ebenso ist es notwendig, mehr als einen Algorithmus in Betracht zu ziehen und zu testen, um die beste Vorhersage aus Ihren Daten zu erhalten.Beim fortgeschrittenen maschinellen Lernen kann es von Vorteil sein, Modelle durch Ensemble-Modellierung zu kombinieren, bei der die Ergebnisse zu einem standardisierten Vorhersagemodell zusammengefügt werden. Durch die Kombination der Ergebnisse mehrerer Modelle (anstatt sich auf eine einzige Schätzung zu stützen) trägt die Ensemble-Modellierung dazu bei, einen Konsens über die Bedeutung der Daten herzustellen. Aggregierte Schätzungen sind in der Regel auch genauer als beide Techniken. Es ist jedoch wichtig, dass die aggregierten Modelle Variationen aufweisen, um Modellfehler zu vermeiden.

Bei der Klassifizierung werden mehrere Modelle mit Hilfe eines Abstimmungssystems, das auf der Häufigkeit oder dem numerischen Mittelwert bei Regressionsproblemen basiert, zu einer einzigen Vorhersage zusammengefasst. Ensemblemodelle können auch in sequentiell oder parallel und homogen oder heterogen unterteilt werden. Wir beginnen mit der Untersuchung von sequentiellen und parallelen Modellen. Im ersten Fall wird der Vorhersagefehler des Modells reduziert, indem den Klassifikatoren, die die Daten zuvor falsch klassifiziert haben, Gewichte hinzugefügt werden. Gradient Boosting und AdaBoost (für Klassifizierungsprobleme) sind Beispiele für sequentielle Modelle. Im Gegensatz dazu arbeiten parallele Ensemble-Modelle gleichzeitig und reduzieren den Fehler durch Mittelwertbildung. Zufällige Wälder (engl. Random Forests) sind ein Beispiel für diese Technik.Ensemble-Modelle können mit einer einzigen Technik mit vielen Variationen (homogenes Ensemble) oder mit mehreren Techniken (heterogenes Ensemble) erstellt werden. Ein Beispiel für ein homogenes Ensemble-Modell wäre die Verwendung mehrerer Entscheidungsbäume zur Erstellung einer einzigen Vorhersage (d. h. Bagging).

Ein Beispiel für ein heterogenes Ensemble wäre die Verwendung eines k-means-Clusters oder eines neuronalen Netzes zusammen mit einem Entscheidungsbaum-Algorithmus. Natürlich ist es wichtig, Techniken zu wählen, die sich gegenseitig ergänzen. So benötigen neuronale Netze beispielsweise vollständige Daten für die Analyse, während Entscheidungsbäume gut mit fehlenden Werten umgehen können.Zusammen bieten diese beiden Techniken einen zusätzlichen Vorteil gegenüber einem homogenen Modell. Das neuronale Netz sagt die meisten Fälle, in denen ein Wert angegeben wird, genau voraus. Der Entscheidungsbaum stellt sicher, dass es keine „Null"-Ergebnisse gibt, die sonst durch fehlende Werte in einem neuronalen Netz entstehen würden.

Obwohl die Leistung eines Ensemblemodells in den meisten Fällen besser ist als die eines einzelnen Algorithmus, kann der Grad der Komplexität und Raffinesse des Modells ein potenzieller Nachteil sein. Ein Ensemble-Modell bietet die gleichen Vorteile wie ein einzelner Entscheidungsbaum und eine Sammlung von Bäumen.Die Transparenz und Interpretierbarkeit von z. B. Entscheidungsbäumen werden für die Genauigkeit eines komplexeren Algorithmus wie Random Forest, Bagging oder Boosting geopfert. Die Modellleistung wird in den meisten Fällen überwiegen, aber die Interpretierbarkeit ist ein entscheidender Faktor, der bei der Auswahl des richtigen Algorithmus für Ihre Daten zu berücksichtigen ist.Bei der Auswahl einer geeigneten Ensemble-Modellierungstechnik gibt es vier Hauptmethoden: Bagging, Boosting, Model Bucketing und Stacking.

Ein Model Bucketing trainiert mehrere verschiedene algorithmische Modelle mit denselben Trainingsdaten als heterogene Ensemble-Technik. Es wählt dann diejenige aus, die bei den Testdaten am besten abgeschnitten hat.

Bagging ist, wie wir wissen, ein Beispiel für die Vermittlung eines parallelen Modells unter Verwendung eines homogenen Satzes, der sich auf zufällig gezogene Daten stützt und die Vorhersagen kombiniert, um ein einheitliches Modell zu entwerfen.

Boosting ist eine beliebte alternative Technik, bei der es sich immer noch um ein homogenes Ensemble handelt, das aber mit falsch klassifizierten und fehlerhaften Daten aus der vorherigen Iteration arbeitet, um ein sequenzielles Modell zu erstellen. Gradient Boosting und AdaBoost sind zwei Beispiele für Boosting-Algorithmen.

Beim Stacking werden mehrere Modelle gleichzeitig auf die Daten angewendet und die Ergebnisse zu einem endgültigen Modell kombiniert. Im Gegensatz zu Boosting und Bagging werden beim Stacking in der Regel die Ergebnisse mehrerer (heterogener) Algorithmen kombiniert, anstatt die Hyperparameter eines einzigen (homogenen) Algorithmus zu verändern.Anstatt jedem Modell anhand des Mittelwerts oder der Bewertung das gleiche Vertrauen zu schenken, wird durch das Stapeln versucht, Modelle mit guter Leistung zu identifizieren und hervorzuheben. Dies wird erreicht, indem die Fehlerquote der Modelle auf der Basisebene (bekannt als Ebene 0) mit Hilfe eines Gewichtungssystems nivelliert wird, bevor diese Ergebnisse an das Modell der Ebene 1 weitergegeben werden.

Sie werden zu einer endgültigen Prognose zusammengefasst und konsolidiert.

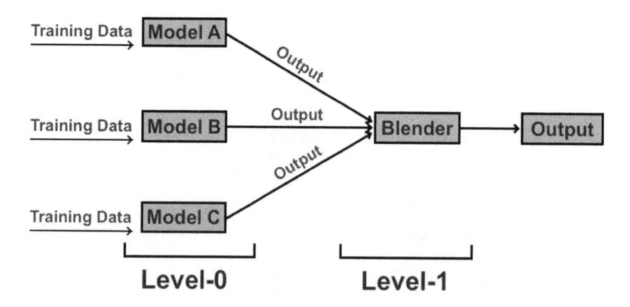

Stacking-Algorithmus

Obwohl diese Technik manchmal in der Industrie eingesetzt wird, sind die Vorteile einer Stapeltechnik im Verhältnis zum Komplexitätsgrad minimal, und die Unternehmen entscheiden sich oft für die Einfachheit und Effizienz des Boosting oder Bagging.Stacking ist jedoch eine Technik, die in Wettbewerben für maschinelles Lernen, wie den Kaggle-Herausforderungen und dem Netflix-Preis, verwendet wird. Beim Netflix-Wettbewerb, der zwischen 2006 und 2009 stattfand, wurde ein Preis für ein Modell des maschinellen Lernens ausgelobt, das das Netflix-Empfehlungssystem für Inhalte erheblich verbessern könnte.Eine der siegreichen Techniken des Pragmatic-Chaos-Teams von BellKor war das lineare Stacking, bei dem die Vorhersagen von Hunderten verschiedener Modelle mit unterschiedlichen Algorithmen kombiniert wurden.

Kapitel 7. Anwendung des maschinellen Lernens auf die Stimmungsanalyse

Die Verarbeitung natürlicher Sprache (engl. Natural Language Processing, NLP) ist ein weit verbreitetes Gebiet der künstlichen Intelligenz, das sich hauptsächlich mit der Interaktion zwischen menschlicher Sprache und Computern befasst.Seine Anwendungen finden sich in einer Vielzahl von Bereichen, z. B. Stimmungsanalyse oder Sentiment-Analyse, Spam-Erkennung, POS-Tagging (engl. Part-Of-Speech), Textzusammenfassung, Sprachübersetzung, Chatbots usw.

1. Wie würden Sie NLP einem Nichtfachmann erklären? Warum ist es schwierig, es anzuwenden?

NLP steht für Natural Language Processing, also die Fähigkeit eines Computerprogramms, menschliche Sprache zu verstehen. Dies ist aus offensichtlichen Gründen ein äußerst anspruchsvolles Gebiet.NLP setzt voraus, dass ein Computer versteht, was Menschen sprechen. Aber die menschliche Sprache ist sehr oft nicht genau. Menschen verwenden Slang, sprechen die Wörter unterschiedlich aus und haben den Kontext in ihren Sätzen, was für einen Computer sehr schwer zu verarbeiten ist.

2. Wie wird NLP beim maschinellen Lernen eingesetzt?

NLP basiert derzeit auf Deep Learning. Deep-Learning-Algorithmen sind ein Teilbereich des maschinellen Lernens, der eine große Datenmenge benötigt, um aus den Daten eigenständig hochrangige Merkmale zu lernen. Auch NLP arbeitet mit demselben Ansatz, indem es Techniken des Deep Learning einsetzt, um die menschliche Sprache zu lernen und zu verbessern.

3. Welches sind die verschiedenen Schritte zur Textklassifizierung?

Textklassifizierung ist eine NLP-Aufgabe, die dazu dient, Textdokumente in eine oder mehrere Kategorien einzuordnen. Die Klassifizierung, ob es sich bei einer E-Mail um Spam handelt oder nicht, die Analyse der Gefühle einer Person anhand ihrer Nachrichten usw. sind Probleme der Textklassifizierung.

Ein Textklassifizierungsprozess umfasst die folgenden Schritte in der angegebenen Reihenfolge:

(a) Reinigung des Textes
(b) Den Text mit Anmerkungen versehen, um Merkmale zu erstellen
(c) Umwandlung dieser Merkmale in tatsächliche Prädiktoren
(d) Verwendung der Prädiktoren zum Trainieren des Modells
(e) Abstimmung des Modells zur Verbesserung seiner Genauigkeit.

4. Was Versteht man unter Schlüsselwortnormalisierung und Warum ist sie Notwendig?

Die Normalisierung von Schlüsselwörtern, auch bekannt als Textnormalisierung, ist ein entscheidender Schritt im NLP. Sie wird verwendet, um das Schlüsselwort in seine kanonische Form umzuwandeln, was seine Verarbeitung erleichtert. Es entfernt Stoppwörter, wie Satzzeichen, Wörter wie „a", „an", „der", da diese Wörter in der Regel kein Gewicht haben. Anschließend werden die Schlüsselwörter in ihre Standardform umgewandelt, was den Textabgleich verbessert.

Verkleinern Sie zum Beispiel alle Wörter und stellen Sie alle Zeitformen auf das einfache Präsens um. Wenn Sie also „decoration" in einem Dokument und „Decorated" in einem anderen haben, werden beide als „decorate" indiziert. Sie können nun einfach einen Algorithmus zum Textabgleich auf diese Dokumente anwenden, und eine Abfrage mit dem Schlüsselwort „decorates" würde beiden Dokumenten entsprechen. Die Normalisierung von Schlüsselwörtern ist ein hervorragendes Mittel zur Reduzierung der Dimensionalität.

5. Erzählen Sie mir etwas über Part-of-Speech (POS)-Tagging.

Beim Part-of-Speech-Tagging werden die Wörter eines Textes als Teil der Sprache markiert, z. B. Substantive, Präpositionen, Adjektive, Verben usw. Dies ist eine äußerst schwierige Aufgabe, weil sie sehr komplex ist und weil ein und dasselbe Wort in verschiedenen Sätzen einen anderen Wortteil darstellen kann.

Im Allgemeinen werden zwei Techniken zur Entwicklung von POS-Tagging-Algorithmen verwendet. Die erste Technik ist stochastisch und geht davon aus, dass jedes Wort bekannt ist und eine endliche Menge von Tags haben kann, die während des Trainings gelernt werden. Die zweite Technik ist die regelbasierte Markierung (Tagging), bei der jedes Wort anhand von Kontextinformationen markiert wird.

6. Haben Sie schon vom Algorithmus der Abhängigkeitsanalyse (engl. Dependency parsing Algorithm) gehört?

Der Dependency-Parsing-Algorithmus ist ein grammatikbasiertes Textparsing-Verfahren zur Erkennung von Substantivphrasen, Subjekten und Objekten in Texten.Bei der „Abhängigkeit" geht es um die Beziehungen zwischen den Wörtern in einem Satz. Es gibt verschiedene Methoden, um einen Satz und seine grammatikalische Struktur zu analysieren. Einige der Standardmethoden sind Shift-Reduce und Maximum Spanning Tree.

7. Erklären Sie das Vektorraummodell und seine Verwendung.

Das Vektorraummodell (engl. Vector Space Model) ist ein algebraisches Modell, das zur Darstellung eines Objekts als Vektor von Identifikatoren verwendet wird.Jedes Objekt (z. B. ein Textdokument) wird als ein Vektor von Begriffen (Wörtern) mit ihren Gewichten geschrieben.

Sie haben zum Beispiel ein Dokument „d" mit dem Text „Dies ist ein außergewöhnliches Tagebuch zur Vorbereitung auf ein Vorstellungsgespräch".

Der diesem Dokument entsprechende Vektor lautet:

Es gibt viele Möglichkeiten, diese Gewichte zu berechnen. Sie können so einfach sein wie die einfache Häufigkeit (Anzahl) der Wörter in einem Dokument. Ebenso wird jede Abfrage auf dieselbe Weise geschrieben.Mit Hilfe von Vektoroperationen wird die Anfrage mit den Dokumenten verglichen und die relevantesten Dokumente gefunden, die der Anfrage entsprechen.

Das Vektorraummodell ist im Bereich des Informationsabrufs und der Indexierung (engl. Information Retrieval and Indexing) weit verbreitet. Sie strukturiert unstrukturierte Datensätze, was ihre Interpretation und Analyse erleichtert.

8. Was versteht man unter Termhäufigkeit und inverser Dokumentenhäufigkeit?

Die Begriffshäufigkeit (engl. Term Frequency, tf) ist die Anzahl der Vorkommen eines Begriffs in einem Dokument geteilt durch die Gesamtzahl der Begriffe in diesem Dokument.

Die inverse Dokumentenhäufigkeit (engl. Inverse Document Frequency, idf) ist ein Maß für die Relevanz des Begriffs in allen Dokumenten.Mathematisch gesehen ist sie logarithmisch (Gesamtzahl der Dokumente geteilt durch die Anzahl der Dokumente, die den Begriff enthalten).

9. Erklären Sie die Kosinusähnlichkeit auf einfache Weise.

Die Cosinus-Ähnlichkeit (engl. Cosine similarity) erfasst die Ähnlichkeit zwischen zwei Vektoren.Wie im Vektorraummodell erläutert, wird jedes Dokument und jede Anfrage als Termvektor geschrieben.

Der Kosinus wird für den Abfragevektor mit jedem Dokument berechnet, was dem durchschnittlichen Kosinus zwischen zwei Vektoren entspricht.Der resultierende Kosinuswert stellt die Ähnlichkeit des Dokuments mit der gegebenen Anfrage dar. Wenn der Kosinuswert 0 ist, besteht keine Ähnlichkeit, und wenn er 1 ist, entspricht das Dokument der Suchanfrage.

10. Erklären Sie die N-Gramm-Methode.

Einfach ausgedrückt ist ein N-Gramm eine zusammenhängende Folge von n Elementen in einem gegebenen Text.Die N-Gramm-Methode ist ein probabilistisches Modell zur Vorhersage eines Elements einer Sequenz auf der Grundlage der vorherigen n-1 Elemente. Die Elemente können aus Wörtern, Sätzen usw. bestehen. Ist n gleich 1, spricht man von einem 1-Gramm; bei n = 2 ist es ein 2-Gramm oder Bigramm.

Die N-Gramme können für ein approximatives Matching verwendet werden. Da sie die Folge von Elementen in eine Menge von N-Grammen umwandeln, ist es möglich, eine Folge mit einer anderen zu vergleichen, indem der Prozentsatz gemeinsamer n-Gramme in beiden gemessen wird.

11. Wie viele drei wortbasierte N-gramme lassen sich aus dem Satz „I love New York Style Pizza" erstellen?

Zerlegt man den gegebenen Satz in 3-Gramme, erhält man:

a) I love New
b) love New York
c) New Yorkstyle
d) York-style pizza

```
# Wir werden das CountVectorizer-Paket verwenden, um zu demonstrieren, wie man N-
Gram mit Scikit-Learn verwendet.
# CountVectorizer wandelt eine Sammlung von Textdokumenten in eine Token-
Zählmatrix um.
# In unserem Fall gibt es nur ein Dokument.
from sklearn.feature_extraction.text import CountVectorizer
# N-gram_range gibt die untere und obere Grenze des Bereichs der N-Gramm-Token an.
# extrahiert werden. In unserem Beispiel ist der Bereich 3 bis 3.
# Wir müssen das Token-Muster angeben, weil CountVectorizer standardmäßig Ein-
Zeichen-Wörter als Stoppwörter behandelt.
vectorizer = CountVectorizer(ngram_range=(3, 3),
 token pattern = r"(?u)\b\w+\b",
 lowercase=False)
# Jetzt passen wir die Vorlage mit unserem Eingabetext an
vectorizer.fit(["I love New York style pizza."])
# Dies füllt das Vokabular-Wörterbuch des Vektorisierers mit den Token.
# Schauen wir uns die Ergebnisse dieses Vokabulars an.
print(vectorizer.vocabulary_.keys())
```

12. haben Sie schon einmal vom Bag-Of-Words-Modell gehört?

Das Bag-of-Words-Modell ist eine Technik, die im Information Retrieval und in der natürlichen Sprachverarbeitung weit verbreitet ist.Es ist auch als räumliches Vektormodell bekannt, das in Frage 6 ausführlich beschrieben wird. Es verwendet die Häufigkeit des Auftretens von Wörtern in einem Dokument als Merkmalswert.

Eine der Einschränkungen dieser Methode ist, dass sie die Reihenfolge der Wörter in einem Dokument nicht berücksichtigt, so dass der Kontext der Wörter nicht abgeleitet werden kann.Nehmen wir zum Beispiel die beiden Sätze „Apple has become a trillion-dollar company"und „You should eat an apple every day", so kann das Bag-of-Words-Modell nicht zwischen Apple als Unternehmen und Apple als Frucht unterscheiden.Um diese Einschränkung zu umgehen, haben wir die Möglichkeit, das N-Gramm-Modell zu verwenden, das die räumlichen Informationen der Wörter speichert. Die Bag of Words ist ein Spezialfall der N-Gramm-Methode mit n=1.

Kapitel 8. Bedingte oder Entscheidungsanweisungen

Diese sind ein wesentlicher Bestandteil des Codes, mit dem wir arbeiten, weil sie sicherstellen, dass Ihr System auf die Eingaben des Benutzers reagieren kann.Es ist schwierig vorherzusagen, wie der Benutzer mit dem System arbeiten wird. Sie können es jedoch so einrichten, dass Sie mit der Entwicklung des Programms fortfahren können. Wie wir uns hier vorstellen können, ist es für einen Programmierer praktisch unmöglich, etwas zu erstellen und im Voraus zu erraten, welche Antworten oder Eingaben der Benutzer dem Programm geben wird.Außerdem kann der Programmierer nicht anwesend sein, um zu sehen, wie jede Anwendung des Programms funktioniert, so dass er mit bedingten Anweisungen arbeiten muss.Wenn es richtig konfiguriert ist, wird sichergestellt, dass das Programm korrekt funktioniert und auf alle vom Benutzer bereitgestellten Informationen antwortet.

Es gibt viele verschiedene Arten von Programmen, die gut auf die in diesem Leitfaden besprochenen bedingten Aussagen reagieren werden.Diese sind recht einfach zu handhaben, und wir wollen uns einige Beispiele ansehen, wie Sie mit diesen bedingten Anweisungen programmieren können.

Wir werden uns die drei Haupttypen von bedingten Anweisungen ansehen: die if-Anweisung, die if-else-Anweisung und die if-Anweisung. Schauen wir uns an, wie jede dieser Anweisungen funktioniert und verwenden wir diese bedingten Anweisungen.

Die If-Anweisung

Wie bereits erwähnt, gibt es drei Arten von bedingten Anweisungen, die wir uns ansehen können. Als erstes müssen wir die if-Anweisung ein wenig untersuchen. Die if-Anweisung ist die grundlegendste der drei Anweisungen, mit denen wir uns nun beschäftigen werden.

Sie werden nicht so häufig genutzt wie die anderen Optionen, weil sie nicht so effizient sind. Sie sind jedoch ein gutes Hilfsmittel, um diese bedingten Aussagen kennenzulernen und mit ihnen zu arbeiten.

Mit der if-Anweisung wird das Programm so eingerichtet, dass es nur dann fortfährt, wenn der Benutzer eine Eingabe macht, die mit den zuvor festgelegten Bedingungen übereinstimmt. Wenn die Eingaben des Benutzers nicht mit unseren Bedingungen übereinstimmen, wird das Programm angehalten und nichts passiert.

Wie wir bereits sehen können, wird es dabei einige Probleme geben, denn wir wollen nicht, dass das Programm mit der Antwort aufhört. Es sollte uns auch weiterhin mit einigen der benötigten Grundlagen versorgen.

Es gibt ein paar Dinge, die mit diesem Code erscheinen werden. Wenn ein Benutzer das Programm aufruft und angibt, dass er unter 18 Jahre alt ist, zeigt das Programm die für diesen Fall voreingestellte Meldung an. Der Benutzer kann diese Meldung lesen und das Programm an Ort und Stelle beenden.

Es kann jedoch etwas schief gehen, wenn der Benutzer angibt, dass er älter als 18 Jahre ist. Dies gilt zwar für den Benutzer, entspricht aber nicht den von Ihnen kodierten Bedingungen. Dann wird das Programm es als falsch ansehen. So wie der Code jetzt geschrieben ist, wird nichts passieren, weil er nicht dafür konfiguriert ist. Der Benutzer sieht jedes Mal einen leeren Bildschirm, wenn er eine 18+ eingibt.

Die if-else-Anweisung

Nachdem wir uns nun mit der einfachen if-Anweisung beschäftigt haben, ist es an der Zeit, zur if-else-Anweisung überzugehen.

Die if-Anweisung eignet sich hervorragend, um sich in der Programmierung zu üben. Es gibt nur wenige Gelegenheiten, bei denen wir mit dieser Anweisung beim Programmieren arbeiten müssen. Wenn Ihr Benutzer mit dem Programm arbeitet, müssen Sie sicherstellen, dass unabhängig von der Eingabe des Benutzers etwas auf dem Bildschirm erscheint.

Wenn Sie, wie im obigen Beispiel, die if-Anweisung verwenden und der Benutzer eine Antwort (über 18) eingibt, wird der Bildschirm wieder leer sein und den beim ersten Mal eingegebenen Code annehmen. Das ist etwas, das wir nicht wollen, also müssen wir zur if-else-Anweisung wechseln, um zu wissen, was zu tun ist, unabhängig davon, welche Informationen der Benutzer in das Programm eingibt.

Die if-else-Anweisung liefert uns die Ausgabe und tut das, was notwendig ist, um diese Ausgabe dem Benutzer zur Verfügung zu stellen, unabhängig von dem Alter oder anderen Informationen, die wir dem Programm zur Verfügung stellen.Wenn der Benutzer im obigen Beispiel angibt, dass er 40 Jahre alt ist, wird der Code trotzdem reagieren.

Es gibt einige Optionen, die Sie in diesem Fall verwenden können, aber mit der Idee der Abstimmungsoption, über die wir mit der if-Anweisung gesprochen haben.

Mit dieser Option wird die Anleitung hinzugefügt, die jedes Alter abdeckt, das nicht weniger als 18 Jahre alt ist. Wenn der Benutzer also dieses Alter angibt, wird ihm trotzdem etwas auf dem Bildschirm angezeigt.Dies kann Ihnen mehr Freiheit bei der Arbeit an Ihrem Code geben, und Sie können auch ein paar weitere Ebenen hinzufügen.Wenn Sie den Fragebogen so aufteilen möchten, dass Sie vier oder fünf Altersgruppen haben und jede eine andere Antwort hat, müssen Sie einfach mehr if-Anweisungen hinzufügen, um dies zu ermöglichen.Die else-Anweisung steht am Ende, um alles andere abzufangen.

Sie können zum Beispiel den obigen Code nehmen und den Benutzer fragen, was seine Lieblingsfarbe ist. Sie können dann if-Anweisungen verwenden, um einige der Primärfarben wie Rot, Blau, Grün, Gelb, Orange, Lila und Schwarz abzudecken. Wenn der Benutzer eine dieser Farben eingibt, wird die entsprechende Anweisung auf dem Bildschirm angezeigt. Die else-Anweisung wird hinzugefügt, um alle anderen Farben zu erfassen, die die Person verwenden möchte, z. B. Rosa oder Weiß.

Die Elif-Anweisungen

Die dritte Art der bedingten Anweisung, mit der wir in diesem Prozess arbeiten können, ist die so genannte elif-Anweisung.Dies wird uns helfen, eine weitere Ebene zu dem hinzuzufügen, was wir mit dem anderen Schritt getan haben. Sie werden jedoch dafür sorgen, dass die von uns geschriebenen Codes so einfach wie möglich sind.

Wir können so viele elif-Anweisungen wie möglich in den Code einbauen, solange wir die else-Anweisung am Ende hinzufügen.Die else-Anweisung stellt sicher, dass wir jede andere Antwort verarbeiten können, die der Benutzer eingibt, auch solche, an die wir vorher nicht gedacht haben.

Bei der Arbeit mit der elif-Anweisung ist es ähnlich, als würde man dem Benutzer ein Menü zur Auswahl geben.Sie können wählen, wie viele dieser elif-Anweisungen im Menü erscheinen sollen, ähnlich wie in vielen anderen Spielen. Der Benutzer kann dann auswählen, mit welchem er arbeiten möchte. Sie können dann eine bestimmte Aktion ausführen lassen oder eine sichere Anweisung im Programm erscheinen lassen, die ihren Bedürfnissen entspricht.

Bei der elif-Anweisung ist außerdem zu beachten, dass Sie je nach den Anforderungen Ihres Codes viele verschiedene Optionen hinzufügen können. Sie können ein kleines Menü mit nur zwei oder drei Einträgen erstellen oder es auf so viele Einträge erweitern, wie Sie benötigen, damit Ihr Code richtig funktioniert.

Je weniger Optionen Sie haben, desto einfacher ist es, Ihren Code zu schreiben. Behalten Sie dies also im Hinterkopf, wenn Sie bestimmen, wie viele Optionen benötigt werden. Nachdem wir nun ein wenig über elif-Anweisungen und ihre Funktionsweise wissen, wollen wir uns ein gutes Beispiel für eine solche Anweisung ansehen. Öffnen Sie Ihren Compiler und schreiben Sie den folgenden Code:

```
print("Lass uns eine Pizza essen! OK, lass uns zu Pizza Hut gehen!")
print("Herr Ober, bitte wählen Sie die gewünschte Pizza aus der Speisekarte")
pizzachoice = int(input("Bitte geben Sie Ihre Pizzawahl ein:"))
if pizzachoice == 1:
print('Ich möchte eine Pizza Napoletana essen')
elifpizzachoice == 2:
```

```
print('Ich möchte eine pizza rustica genießen')
elifpizzachoice == 3:
print('Ich möchte eine pizza capricciosa genießen')
sonst:
print("Tut mir leid, ich möchte keine der Pizzas auf der Liste, bitte bringen Sie eine Cola
für mich").
```

Mit dieser Option kann der Benutzer die Art der Pizza auswählen, die er probieren
möchte, aber Sie können die gleiche Syntax für alles verwenden, was Sie in Ihrem Code
benötigen. Wenn der Benutzer die Zahl 2 in den Code eingibt, erhält er eine rustikale
Pizza. Wenn ihm keine der Optionen zusagt, sagt er dem Programm, dass er ein Getränk
möchte, in diesem Fall eine Cola.

Fluss der Kontrolle

Der Kontrollfluss in einem Programm verdeutlicht die Reihenfolge der Schritte bei der
Ausführung des Programms. In einem Python-Programm wird der Kontrollfluss durch
Funktionsaufrufe, bedingte Anweisungen und Schleifen erreicht. Hier werden wir if-
Anweisungen, while-Schleifen und for-Schleifen besprechen.

Kapitel 9. Funktionen

Wenn Sie mit einer Sprache wie Python arbeiten, werden Sie manchmal mit einer Funktion arbeiten müssen.

Bei diesen Funktionen handelt es sich um wiederverwendbare Codeblöcke, die Sie zur Ausführung Ihrer spezifischen Aufgaben verwenden werden.

Wenn wir jedoch eine dieser Funktionen in Python definieren, müssen wir eine gute Vorstellung von den beiden Haupttypen von Funktionen haben, die verwendet werden können und wie sie funktionieren.

Es gibt zwei Arten von Funktionen: eingebaute und benutzerdefinierte.

Eingebaute Funktionen sind solche, die automatisch mit bestimmten Paketen und Bibliotheken in Python zur Verfügung stehen.

Wir werden uns jedoch mit den benutzerdefinierten Funktionen beschäftigen, da diese vom Entwickler für den speziellen Code, den er schreibt, erstellt und verwendet werden.

In Python müssen wir daran denken, dass alle Funktionen, egal mit welcher Art von Funktion Sie arbeiten, als Objekte behandelt werden.

Built-in Functions				
abs()	divmod()	input()	open()	staticmethod()
all()	enumerate()	int()	ord()	str()
any()	eval()	isinstance()	pow()	sum()
basestring()	execfile()	issubclass()	print()	super()
bin()	file()	iter()	property()	tuple()
bool()	filter()	len()	range()	type()
bytearray()	float()	list()	raw_input()	unichr()
callable()	format()	locals()	reduce()	unicode()
chr()	frozenset()	long()	reload()	vars()
classmethod()	getattr()	map()	repr()	xrange()
cmp()	globals()	max()	reversed()	zip()
compile()	hasattr()	memoryview()	round()	__import__()
complex()	hash()	min()	set()	
delattr()	help()	next()	setattr()	
dict()	hex()	object()	slice()	
dir()	id()	oct()	sorted()	

Das ist eine gute Nachricht, denn es kann die Arbeit mit diesen Funktionen im Vergleich zu einigen anderen Programmiersprachen erheblich erleichtern.

Benutzerdefinierte Funktionen werden von wesentlicher Bedeutung sein und können einen Teil der Arbeit, die wir leisten, erweitern. Aber wir müssen uns auch einige der Arbeiten ansehen, die wir mit den integrierten Funktionen durchführen können. Die obige Liste enthält viele der in der Sprache Python vorkommenden Programme. Nehmen Sie sich etwas Zeit, um sie zu studieren und zu lernen, wie sie uns helfen können, Dinge zu erledigen.

Warum sind benutzerdefinierte Funktionen so wichtig?

Der Einfachheit halber hat ein Entwickler die Möglichkeit, einige seiner Funktionen selbst zu schreiben, was als benutzerdefinierte Funktion bezeichnet wird, oder eine Funktion aus einer anderen Bibliothek zu übernehmen, die möglicherweise nicht direkt mit Python verbunden ist. Diese Funktionen bieten uns manchmal einige Vorteile, je nachdem, wie und wann wir sie in unserem Code verwenden wollen. Bei der Arbeit mit diesen benutzerdefinierten Funktionen und zum besseren Verständnis ihrer Funktionsweise sind einige Dinge zu beachten, die mit wiederverwendbaren Codeblöcken erstellt werden.Sie müssen sie nur einmal schreiben und können sie dann so oft wie nötig in Ihrem Code verwenden. Sie können diese benutzerdefinierte Funktion auch in anderen Anwendungen verwenden.

Diese Funktionen können ebenfalls nützlich sein. Sie können Ihnen bei allem helfen, vom Schreiben spezifischer Geschäftslogik bis zur Arbeit an Standard-Dienstprogrammen. Sie können sie auch an Ihre Bedürfnisse anpassen, damit das Programm richtig funktioniert. Der Code ist in der Regel einfach zu entwickeln, leicht zu pflegen und gleichzeitig gut organisiert. Dies bedeutet, dass es den modularen Entwurfsansatz unterstützen kann. Sie können diese Funktionen unabhängig voneinander schreiben, und Ihre Projektaufgaben können bei Bedarf für eine schnelle Anwendungsentwicklung verteilt werden. Eine benutzerdefinierte Funktion, die gut durchdacht und definiert ist, kann den Prozess der Anwendungsentwicklung erleichtern.

Nachdem wir nun ein wenig mehr über die Grundlagen einer benutzerdefinierten Funktion wissen, ist es an der Zeit, einige der verschiedenen Argumente zu betrachten, die mit diesen Funktionen einhergehen können, bevor wir uns mit dem Code befassen, den eine Funktion verwenden kann.

Optionen für Funktionsargumente

Wenn Sie bereit sind, mit diesen Arten von Funktionen in Ihrem Code zu arbeiten, werden Sie feststellen, dass sie mit vier Arten von Argumenten arbeiten. Diese Argumente und ihre Bedeutungen sind vordefiniert, und der Entwickler kann sie nicht immer ändern.Stattdessen wird der Entwickler die Möglichkeit haben, sie zu nutzen, aber ihre Regeln zu befolgen. Sie haben die Möglichkeit, die Regeln ein wenig zu ergänzen, damit die Funktionen so funktionieren, wie Sie es wünschen. Wie bereits erwähnt, gibt es vier Arten von Argumenten, mit denen Sie arbeiten können, und zwar folgende:

Standardargumente: In Python gibt es einen etwas anderen Weg, um die Standardwerte und die Syntax für Ihre Funktionsargumente darzustellen. Diese Standardwerte sind der Teil, der angibt, dass das Funktionsargument diesen Wert annimmt, wenn Sie keinen Wert für das Argument haben, der durch den Funktionsaufruf weitergegeben werden kann. Der beste Weg, um herauszufinden, wo der Standardwert liegt, ist, nach dem Gleichheitszeichen zu suchen.

Erforderliches Argument: Die nächste Art von Argument wird das erforderliche Argument sein. Einige Arten von Argumenten werden für die Funktion, an der Sie arbeiten, erforderlich sein. Diese Werte müssen beim Aufruf der Funktion in der richtigen Reihenfolge und Anzahl übergeben werden, sonst wird der Code nicht korrekt ausgeführt.

Schlüsselwortargumente: Dies sind die Argumente, die den Funktionsaufruf in Python unterstützen können. Diese Schlüsselwörter werden während des gesamten Funktionsaufrufs erwähnt und einige der Werte, die durch diese Funktion gehen. Diese Schlüsselwörter werden dem Funktionsargument zugewiesen, um alle Werte zu identifizieren, auch wenn beim Aufruf des Codes nicht die gleiche Reihenfolge eingehalten wird.

Variable Argumente: Das letzte Argument, das wir hier betrachten werden, ist die variable Anzahl der Argumente. Dies ist gut für die Arbeit, wenn Sie nicht sicher sind, wie viele Argumente der Code, den Sie schreiben, benötigt, um die Funktion zu übergeben. Oder Sie können es verwenden, um Ihren Code zu entwerfen, in dem Sie eine beliebige Anzahl von Argumenten übergeben können, solange Sie in der Lage waren, alle Anforderungen in dem von Ihnen erstellten Code zu erfüllen.

Schreiben einer Funktion

Nun, da wir eine bessere Vorstellung davon haben, wie diese Funktionen aussehen und welche Arten von Argumenten in Python zur Verfügung stehen, ist es an der Zeit, die notwendigen Schritte zu lernen, um dies zu erreichen.

Es gibt vier grundlegende Schritte, die wir dazu verwenden sollten, und es liegt wirklich am Programmierer, zu entscheiden, wie komplex oder einfach er es haben möchte. Wir beginnen mit einigen Grundlagen, und dann können Sie bei Bedarf einige Änderungen vornehmen. Einige der Schritte, die wir befolgen müssen, um unsere eigenen benutzerdefinierten Funktionen zu schreiben, sind:

Deklarieren Sie Ihre Funktion. Sie müssen das Schlüsselwort "def" verwenden und den Funktionsnamen direkt danach angeben.

Schreiben Sie die Argumente. Diese sollten sich innerhalb der beiden Klammern der Funktion befinden. Beenden Sie diese Erklärung mit einem Doppelpunkt, um die korrekte Schreibweise in dieser Sprache einzuhalten.

Fügen Sie die Anweisungen hinzu, die das Programm nun ausführen soll.

Beenden Sie die Funktion. Sie können wählen, ob Sie dies mit einer Return-Anweisung tun wollen oder nicht.

Ein Beispiel für die Syntax, die Sie verwenden würden, wenn Sie eine Ihrer benutzerdefinierten Funktionen erstellen möchten, ist:

DefuserDefFunction (arg1, arg2, arg3, ...):

program statement1

program statement2

program statement3

Return;

Die Arbeit mit Funktionen kann eine gute Möglichkeit sein, um sicherzustellen, dass sich Ihr Code so verhält, wie Sie es wünschen. Es ist wichtig, dass Sie es richtig einrichten und mit diesen Funktionen arbeiten und sie so konfigurieren, wie Sie es möchten. Es gibt viele Gelegenheiten, bei denen Funktionen auftauchen und einem bestimmten Zweck dienen, so dass es für den Erfolg Ihres Codes sehr wichtig sein kann, sich die Zeit zu nehmen, um zu lernen, wie man sie verwendet.

Python-Module

Module bestehen aus Programmdefinitionen und Deklarationen. Ein Beispiel ist eine Datei namens config.py, die als Modul betrachtet wird. Der Name des Moduls wäre config. Module werden angeführt, um große Programme in kleinere, besser verwaltbare und organisierte Dateien zu zerlegen und die Wiederverwendung von Code zu fördern.

Beispiel:

Erstellung des erstenModuls

Defadd(x, y):

"Dies ist ein Programm, das zwei Zahlen addiert und das Ergebnis zurückgibt".

Outcome=x+y

Return outcome

Modul importieren

Das Schlüsselwort import wird zum Importieren verwendet.

Beispiel:

Zuerst importieren

Der Punktoperator kann uns helfen, auf eine Funktion zuzugreifen, wenn wir den Namen des Moduls kennen.

Beispiel:

IDLE starten.

Gehen Sie in das Menü Datei und klicken Sie auf Neues Fenster.

Geben Sie Folgendes ein:

import mine

import mine

import mine

mine.reload(mine)

Dir() built-in Python function

Um die in einem Modul enthaltenen Namen herauszufinden, verwenden wir die eingebaute Funktion dir().

Syntax

dir(module_name)

Python-Pakete

Python-Dateien enthalten Module, und Verzeichnisse werden in Paketen gespeichert. Ein einzelnes Python-Paket enthält ähnliche Module. Daher müssen verschiedene Module in verschiedenen Python-Paketen untergebracht werden

Kapitel 10. Echte Algorithmen für maschinelles Lernen

Entscheidungsbäume sind ähnlich aufgebaut wie Support-Vektor-Maschinen, d.h. sie sind eine Kategorie überwachter maschineller Lernalgorithmen, die sowohl Regressions- als auch Klassifikationsprobleme lösen können. Sie sind leistungsstark und werden bei der Arbeit mit großen Datenmengen eingesetzt.

Um große und komplexe Datensätze verarbeiten zu können, muss man mehr als nur die Grundlagen lernen. Darüber hinaus werden Entscheidungsbäume bei der Erstellung von Random Forests verwendet, dem wahrscheinlich leistungsfähigsten Lernalgorithmus.

Ein Überblick über Entscheidungsbäume

Entscheidungsbäume sind im Wesentlichen ein Tool, das eine Entscheidung unterstützt, die alle anderen Entscheidungen beeinflusst, die getroffen werden. Das bedeutet, dass alles, von den erwarteten Ergebnissen bis hin zu den Folgen und dem Einsatz von Ressourcen, in irgendeiner Weise beeinflusst wird. Beachten Sie, dass Entscheidungsbäume in der Regel in einem Graphen dargestellt werden, der als eine Art Diagramm beschrieben werden kann, in dem die Trainingsversuche als Knoten erscheinen. Der Knoten kann zum Beispiel ein Münzwurf sein, der zwei verschiedene Ergebnisse haben kann. Darüber hinaus sprießen Zweige, die die einzelnen Ergebnisse darstellen, und sie haben auch Blätter, die die Klassenbezeichnungen darstellen. Jetzt verstehen Sie, warum dieser Algorithmus als Entscheidungsbaum bezeichnet wird. Die Struktur ähnelt einem echten Baum. Wie Sie wahrscheinlich schon erraten haben, sind Random Forests genau das, wonach sie aussehen. Es handelt sich dabei um Sammlungen von Entscheidungsbäumen, aber damit ist genug gesagt.

Entscheidungsbäume sind eine der leistungsfähigsten Methoden des überwachten Lernens, die Sie verwenden können, insbesondere wenn Sie Anfänger sind. Im Gegensatz zu komplexeren Algorithmen sind sie recht einfach zu implementieren und haben eine Menge zu bieten. Ein Entscheidungsbaum kann jede gängige datenwissenschaftliche Aufgabe erfüllen, und die am Ende des Trainingsprozesses erzielten Ergebnisse sind sehr genau. Vor diesem Hintergrund sollten wir uns einige weitere Vor- und Nachteile ansehen, um ihre Verwendung und Anwendung besser zu verstehen.

Lassen Sie uns mit den positiven Aspekten beginnen:

1. Entscheidungsbäume sind einfach aufgebaut und lassen sich daher auch von Anfängern ohne formale Ausbildung in Datenwissenschaft oder maschinellem Lernen leicht implementieren. Das Konzept dieses Algorithmus lässt sich mit einer Art Formel zusammenfassen, die einer üblichen Programmieranweisung

folgt: Wenn dies, dann das, wenn nicht, dann das. Außerdem sind die erzielten Ergebnisse sehr leicht zu interpretieren, insbesondere dank der grafischen Darstellung.

2. Der zweite Vorteil ist, dass ein Entscheidungsbaum eine der effektivsten Methoden ist, um die wichtigsten Variablen zu untersuchen, zu bestimmen und die Verbindung zwischen ihnen zu entdecken. Darüber hinaus können Sie problemlos neue Funktionen für bessere Messungen und Vorhersagen erstellen. Vergessen Sie nicht, dass die Datenexploration einer der wichtigsten Schritte bei der Arbeit mit Daten ist, insbesondere wenn viele Variablen beteiligt sind. Um einen zeitaufwändigen Prozess zu vermeiden, müssen Sie die wertvollsten identifizieren, wofür sich Entscheidungsbäume hervorragend eignen.

3. Ein weiterer Vorteil der Anwendung von Entscheidungsbäumen ist, dass sie sich hervorragend dazu eignen, einige Ausreißer aus den Daten zu entfernen. Vergessen Sie nicht, dass Ausreißer ein Rauschen sind, das die Genauigkeit Ihrer Vorhersagen verringert. Außerdem werden Entscheidungsbäume nicht durch Rauschen beeinträchtigt. In vielen Fällen haben Ausreißer eine so geringe Auswirkung auf diesen Algorithmus, dass Sie sie sogar ignorieren können, wenn Sie Ihre Genauigkeitsergebnisse nicht maximieren müssen.

Schließlich können Entscheidungsbäume sowohl mit numerischen als auch mit kategorialen Variablen arbeiten. Denken Sie daran, dass einige der bereits besprochenen Algorithmen nur für die eine oder andere Art von Daten verwendet werden können. Andererseits haben Entscheidungsbäume bewiesen, dass sie vielseitig sind und eine viel größere Anzahl von Aufgaben bewältigen können.

Wie Sie sehen, sind Entscheidungsbäume leistungsfähig, vielseitig und einfach anzuwenden - warum sollten wir uns also die Mühe machen, etwas anderes zu verwenden? Wie üblich ist nichts perfekt, also lassen Sie uns über die Nachteile der Arbeit mit solchen Algorithmen sprechen:

1. Eines der Hauptprobleme bei der Anwendung eines Entscheidungsbaums ist die Überanpassung (engl. Overfitting). Beachten Sie, dass dieser Algorithmus aufgrund seiner Komplexität manchmal sehr komplizierte Entscheidungsbäume mit Problemen beiDatengeneralisierungerzeugt. Dies wird als Overfitting bezeichnet und tritt auch bei der Implementierung anderer Lernalgorithmen auf, allerdings nicht auf demselben Niveau. Glücklicherweise bedeutet dies nicht, dass Sie auf die Verwendung von Entscheidungsbäumen verzichten sollten. Das Einzige, was zu tun ist, ist, etwas Zeit in die Anwendung einiger Parametereinschränkungen zu investieren, um die Überanpassung zu reduzieren.

2. Entscheidungsbäume können Probleme mit kontinuierlichen Variablen haben. Beim Umgang mit kontinuierlichen numerischen Variablen verlieren Entscheidungsbäume eine gewisse Menge an Informationen. Dieses Problem tritt auf, wenn die Variablen kategorisiert werden. Wenn Sie mit diesen Variablen nicht vertraut sind, kann eine kontinuierliche Variable ein Wert sein, der innerhalb eines Zahlenbereichs liegt. Nehmen wir zum Beispiel an, dass Menschen zwischen 18 und 26 Jahren als schulpflichtig gelten. In diesem Fall wird dieser Zahlenbereich zu einer kontinuierlichen Variablen, da er jeden Wert zwischen dem festgelegten Minimum und Maximum enthalten kann.

3. Obwohl einige Nachteile zusätzliche Arbeit für Entscheidungsbäume bedeuten können, überwiegen die Vorteile bei weitem.

Klassifizierungs- und Regressionsbäume

Wir haben bereits erwähnt, dass Entscheidungsbäume sowohl für Regressions- als auch für Klassifikationsaufgaben verwendet werden. Das bedeutet jedoch nicht, dass in beiden Fällen die gleichen Entscheidungsbäume gelten. Entscheidungsbäume sollten in Klassifizierungsbäume (auch Klassifikationsbäume) und Regressionsbäume unterteilt werden. Sie behandeln unterschiedliche Probleme, sind sich aber insofern ähnlich, als es sich bei beiden um Entscheidungsbäume handelt.

Beachten Sie, dass Klassifizierungsbäume (auch Entscheidungsbäume für die Klassifizierung) bei einer kategorialen abhängigen Variable Anwendung finden. Ein Regressionsbaum ist dagegen nur bei einer kontinuierlichen abhängigen Variable anwendbar. Im Falle eines Klassifikationsbaums ist das Ergebnis der Trainingsdaten der Modus der gesamten relevanten Beobachtungen. Das bedeutet, dass alle Beobachtungen, die wir nicht definieren können, aus diesem Wert vorhergesagt werden, der die von uns am häufigsten identifizierte Beobachtung darstellt.

Regressionsbäume hingegen funktionieren etwas anders. Der aus der Trainingsphase resultierende Wert ist nicht der Wert des Modus, sondern der Gesamtmittelwert der Beobachtungen. Nicht identifizierte Beobachtungen werden daher mit dem Mittelwert angegeben, der sich aus den bekannten Beobachtungen ergibt.

Bei beiden Arten von Entscheidungsbäumen wird jedoch eine binäre Aufteilung von oben nach unten vorgenommen. Dies bedeutet, dass Beobachtungen in einem Gebiet zwei geteilte Zweige im Vorhersageraum erzeugen. Dies wird auch als gieriger Ansatz bezeichnet, da der Lernalgorithmus nach der relevantesten Variable in der Aufteilung sucht und zukünftige Aufteilungen ignoriert, die zu einem noch leistungsfähigeren und genaueren Entscheidungsbaum führen könnten.

Wie Sie sehen können, gibt es einige Unterschiede und Ähnlichkeiten zwischen den beiden. Sie sollten jedoch feststellen, dass die Aufteilung die Genauigkeit der Entscheidungsbaumimplementierung beeinflusst. Die Knoten des Entscheidungsbaums werden in Unterknoten aufgeteilt, unabhängig von der Art des Baums. Diese Aufteilung des Baums erfolgt, um eine einheitlichere Menge von Knoten zu erhalten.

Nachdem Sie nun die Grundlagen von Entscheidungsbäumen verstanden haben, wollen wir uns etwas näher mit dem Overfitting beschäftigen.

Das Problem der Überanpassung

Sie haben bereits gelernt, dass die Überanpassung eines der Hauptprobleme bei der Arbeit mit Entscheidungsbäumen ist und sich mitunter gravierend auf die Ergebnisse auswirken kann.Entscheidungsbäume können zu einer 100-prozentigen Genauigkeit für den Trainingssatz führen, wenn wir keine Grenzen setzen. Der größte Nachteil dabei ist jedoch, dass sich eine Überanpassung einschleicht, wenn der Algorithmus versucht, die Trainingsfehler zu eliminieren und die Testfehler zu erhöhen. Dieses Ungleichgewicht führt trotz der Punktzahl zu einer schlechten Vorhersagegenauigkeit im Ergebnis.Warum ist das so? In diesem Fall wachsen die Entscheidungsbäume zu viele Zweige, was zu einer Überanpassung führt. Um dieses Problem zu lösen, müssen Sie die Größe des Entscheidungsbaums und die Anzahl der Zweige, die er erzeugen kann, einschränken. Außerdem können Sie den Baum beschneiden, um ihn unter Kontrolle zu halten, so wie Sie es bei einem echten Baum tun würden, um sicherzustellen, dass er viele Früchte trägt. Um die Größe des Entscheidungsbaums zu begrenzen, ist es notwendig, bei der Definition des Baums neue Parameter festzulegen. Schauen wir uns diese Parameter an:

1. min_samples_split: Als erstes können Sie diesen Parameter ändern, um anzugeben, wie viele Beobachtungen für die Aufteilung einesKnotenserforderlich sind. Sie können alles mit einem Bereich von

einer Stichprobe bis zur maximalen Anzahl von Stichproben deklarieren. Denken Sie daran, dass Sie den Wert erhöhen müssen, wenn Sie verhindern wollen, dass das Trainingsmodell Verbindungen ermittelt, die für einen bestimmten Entscheidungsbaum sehr häufig vorkommen. Mit anderen Worten: Sie können den Entscheidungsbaum mit höheren Werten einschränken.

2. min_samples_leaf: Dies ist der Parameter, der geändert werden muss, um zu bestimmen, wie viele Beobachtungen ein Knoten oder ein Blatt benötigt. Der Kontrollmechanismus für die Überanpassung funktioniert auf die gleiche Weise wie der Parameter für die Aufteilung der Proben.

3. max_features: Legen Sie diesen Parameter fest, um die zufällig ausgewählten Merkmale zu steuern. Diese Merkmale werden verwendet, um die beste Aufteilung durchzuführen. Um den effizientesten Wert zu ermitteln, müssen Sie die Quadratwurzel aus den Gesamtmerkmalen berechnen. Denken Sie daran, dass ein höherer Wert eher zu dem Problem der Überanpassung führt, das wir hier zu lösen versuchen. Daher sollten Sie mit dem von Ihnen eingestellten Wert experimentieren. Außerdem sind nicht alle Fälle gleich. Manchmal reicht ein höherer Wert aus, ohne dass es zu einer Überanpassung kommt.

4. max_depth: Schließlich gibt es noch den Parameter depth, der den Wert der Tiefe des Entscheidungsbaums angibt. Um das Problem der Überanpassung zu begrenzen, interessieren wir uns jedoch nur für den Maximalwert der Tiefe. Beachten Sie, dass ein hoher Wert zu vielen Aufteilungen und damit zu einer großen Menge an Informationen führt. Durch Ändern dieses Wertes wird gesteuert, wie das Trainingsmodell die Musterverbindungen lernt.

Die Änderung dieser Parameter ist nur ein Aspekt der Kontrolle über unsere Entscheidungsbäume, um eine Überanpassung zu vermeiden und die Leistung und Genauigkeit zu erhöhen. Der nächste Schritt bei der Anwendung dieser Grenzwerte ist das Beschneiden der Bäume.

Kapitel 11. Anwendungen der Technologie des maschinellen Lernens

Virtuelle persönliche Assistenten

Die bekanntesten Beispiele für virtuelle persönliche Assistenten sind Siri und Alexa. Diese Systeme sind in der Lage, durch einfache Sprachbefehle relevante Informationen zu liefern. Das maschinelle Lernen ist das Herzstück dieser Geräte und Systeme. Sie sammeln und definieren die Informationen, die bei jeder Benutzerinteraktion generiert werden, und verwenden sie als Trainingsdaten, um die Präferenzen des Benutzers zu lernen und ein besseres Erlebnis zu bieten.

Prognosen zum Fahrverhalten

Die meisten heutigen Fahrzeuge nutzen GPS-Navigationsdienste, die Informationen wie unsere aktuelle Position und Fahrgeschwindigkeit auf einem zentralen Server sammeln, der eine aktuelle Verkehrskarte erstellen kann. Dies trägt zur Verkehrssteuerung und zur Verbesserung des Verkehrsflusses bei.Mithilfe von maschinellem Lernen kann das System abschätzen, in welchen Regionen und zu welcher Tageszeit Staus häufig auftreten. Algorithmen des maschinellen Lernens ermöglichen es Mitfahrdiensten wie Lyft und Uber, Umwege auf ihren Routen zu minimieren und den Nutzern eine frühzeitige Schätzung der Kosten für eine Fahrt zu geben.

Videoüberwachung

Maschinen haben die monotone Aufgabeübernommen, mehrere Videokameras zu überwachen, um die Sicherheit von Gebäuden zu gewährleisten.Die Maschinen können ungewöhnliche Verhaltensweisen aufspüren, wie z. B. längeres Stehenbleiben, Schlafen auf Bänken und Stolpern. Es kann dann eine Warnung an das Sicherheitspersonal senden, das dann entsprechend handeln und Vorfälle verhindern kann. Mit jeder Iteration des Alarms verbessern sich die Überwachungsdienste, da die Algorithmen des maschinellen Lernens lernen und verfeinert werden.

Soziale Medien

Social-Media-Plattformen wie Facebook, Twitter und Instagram nutzen Algorithmen des maschinellen Lernens, um das System auf die Aktivitäten und das Verhalten der Nutzer zu trainieren und so ein ansprechendes und verbessertes Nutzererlebnis zu schaffen.Beispiele für Funktionen, die auf Algorithmen des maschinellen Lernens beruhen, sind die Facebook-Funktion „Personen, die du vielleicht kennst" (die die Aktivitäten der Nutzer sammelt und daraus lernt, z. B. die Profile, die sie häufig besuchen, ihr eigenes Profil und ihre Freunde, um ihnen andere Facebook-Nutzer vorzuschlagen, mit denen sie sich anfreunden können) und die Pinterest-Funktion „Ähnliche Pins" (die auf der Technologie des maschinellen Sehens beruht, die mit maschinellem Lernen zusammenarbeitet, um Objekte in den gespeicherten „Pin"-Bildern der Nutzer zu erkennen und ihnen entsprechend ähnliche „Pins" zu empfehlen).

Filtern von Spam und Malware über E-Mail

Alle E-Mail-Clients wie Gmail, Yahoo Mail und Hotmail verwenden Algorithmen des maschinellen Lernens, um sicherzustellen, dass die Spam-Filterfunktionen ständig aktualisiert werden und nicht von Spammern und Malware unterwandert werden können.Einige der auf maschinellem Lernen basierenden Spam-Filtertechniken sind das Multi-Layer Perceptron und die Induktion von Entscheidungsbäumen C 4.5.

Online-Kundendienst

Auf den meisten E-Commerce-Websites können Nutzer heute mit einem Kundendienstmitarbeiter chatten, der in der Regel von einem Chatbot und nicht von einem Live-Manager unterstützt wird. Diese Bots nutzen die Technologie des maschinellen Lernens, um Nutzeranfragen zu verstehen und Informationen aus der Website zu extrahieren, um Kundenprobleme zu lösen. Mit jeder Interaktion werden die Chatbots intelligenter und menschenähnlicher.

Suchmaschinenergebnisse verfeinern

Suchmaschinen wie „Google", „Yahoo" und „Bing" verwenden Algorithmen des maschinellen Lernens, um bessere Suchergebnisse zu liefern, die den vom Nutzer eingegebenen Schlüsselwörtern entsprechen. Für jedes Suchergebnis beobachtet der Algorithmus die Aktivitäten des Nutzers und lernt daraus, z. B. das Öffnen der vorgeschlagenen Links, die Reihenfolge, in der die geöffneten Links angezeigt wurden, und die damit verbrachte Zeit. Dies hilft der Suchmaschine zu verstehen, welche Suchergebnisse am optimalsten sind und welche anderen Änderungen zur Verbesserung der Suchergebnisse notwendig sind.

Empfehlungen zum Produkt

Die Produktempfehlungsfunktion ist zum Herzstück des Online-Shopping-Erlebnisses geworden: Algorithmen des maschinellen Lernens in Kombination mit künstlicher Intelligenz steuern die Produktempfehlungsfunktion. Das System beobachtet und lernt aus den Aktivitäten und dem Verhalten der Verbraucher, z. B. aus früheren Einkäufen, Wunschlisten, kürzlich angesehenen Artikeln und Artikeln, die gefallen oder in den Warenkorb gelegt wurden.

Aufdeckung von Online-Betrug

Finanzinstitute verlassen sich in hohem Maße auf Algorithmen für maschinelles Lernen und künstliche Intelligenz, um den Cyberspace zu schützen, indem sie potenziell betrügerische Online-Geldtransaktionen aufspüren. So setzt PayPal beispielsweise Algorithmen des maschinellen Lernens ein, um Geldwäsche über seine Plattform zu verhindern. Sie nutzen Tools der künstlichen Intelligenz in Kombination mit Algorithmen des maschinellen Lernens, um Millionen von Transaktionen zu analysieren und zwischen rechtmäßigen und unrechtmäßigen Transaktionen zwischen Käufer und Verkäufer zu unterscheiden. Mit jeder Transaktion lernt das System, welche Transaktionen legitim sind und welche betrügerisch sein könnten.

Prädiktive Analyse

Wie SAS ist Prädiktive Analyse (engl. Predictive Analytics) „die Nutzung von Informationen, präzisen Berechnungen und KI-Methoden, um die Wahrscheinlichkeit zukünftiger Ergebnisse zu extrahieren, die von überprüfbaren Informationen abhängen. Das Ziel besteht darin, weiterzugehen und zu erkennen, was geschehen ist, um besser einschätzen zu können, was als Nächstes geschehen wird". Heute erforschen Organisationen ihre Vergangenheit mit Blick auf die Zukunft. Hier wird das menschliche Bewusstsein für die Interessenvertretung zu einem integralen Faktor, der die Innovation der proaktiven Überprüfung nutzt. Die Durchführung einer prädiktiven Untersuchung steht in direktem Zusammenhang mit der Art der von der Organisation gesammelten Big Data.

Nachfolgend finden Sie eine Auswahl der am häufigsten verwendeten Anwendungen für prädiktive Untersuchungen vor der Sendung einer Produktpräsentation:

Prädiktive Analyse des Kundenverhaltens

Für Giganten wie Amazon, Apple und Netflix ist die Untersuchung von Kundenaktivitäten und -verhalten für ihre tägliche Arbeit unerlässlich. Bescheidenere Organisationen akzeptieren allmählich ihre Rolle bei der Umsetzung der aktuellen prädiktiven Forschung in ihrem Aktionsplan. Die Förderung einer veränderten Konfiguration von Vorhersagemodellen für eine Organisation ist nicht nur konzentriertes Kapital, sondern erfordert allgemeine Arbeit und Zeit. Organisationen wie „AgilOne" bieten in der Regel einfache Arten von Vorhersagenmodellen mit breiter Materialität in modernen Bereichen an. Sie haben drei grundlegende Arten von Vorhersagemodellen für die Analyse des Kundenverhaltens unterschieden, und zwar:

„Neigungsmodelle" - Diese Modelle werden verwendet, um „gültige oder genaue" Erwartungen an das Kundenverhalten zu erstellen. Die wohl bekanntesten Neigungsmodelle sind: „Vorhersehbare Lebenseinschätzung", „Kaufneigung", „Wendeaffinität", „Wechselaffinität", „Bindungswahrscheinlichkeit" und „Rückzugsneigung".

„Clustering-Modelle" - Diese Modelle werden verwendet, um Kunden auf der Grundlage gemeinsamer Merkmale wie Geschlecht, Alter, Kaufhistorie und sozialer Herkunft zu trennen und zu gruppieren. Die grundlegendsten Clustering-Modelle sind das „item- oder klassenbasierte Clustering", das „verhaltensbasierte Clustering" und das „markenbasierte Clustering".

„Gemeinschaftliche Trennung" - Diese Modelle werden verwendet, um Artikel, Verwaltungen und Vorschläge zu erstellen, wie sie in den Bekanntmachungen in Abhängigkeit von den Aufgaben des Kunden und der bisherigen Praxis vorgeschlagen werden. Die wohl bekanntesten Modelle für die Trennung von Gemeinschaften umfassen „Upsell"-, „strategische Pitch"- und „After-Sell"-Vorschläge.

Das wichtigste Werkzeug der Organisationen zur prädiktive Untersuchung des Kundenverhaltens ist die „Rückfall-Forschung", die es der Organisation ermöglicht, Beziehungen zwischen dem Angebot eines bestimmten Artikels und den vom Käufer gezeigten besonderen Eigenschaften herzustellen. Dies wird durch die Verwendung von „Rückfallkoeffizienten" erreicht, d. h. numerischen Eigenschaften, die das Ausmaß der Beeinflussung des Kundenverhaltens durch verschiedene Faktoren darstellen und einen „Wahrscheinlichkeitsscore" für das künftige Angebot des Artikels konstruieren.

Qualifizierung und Priorisierung von Leads

Es gibt drei Einführungsklassen, die in der Business-to-Business-Werbung oder bei der B2B-Prädiktive-Untersuchung verwendet werden, um die erwarteten Kunden oder „Leads" zu qualifizieren und zu organisieren.

Die Einführungsklassen wird wie folgt klassifiziert:

Das „Predictive Scoring" wird verwendet, um zukünftige Kunden auf der Grundlage ihrer Wahrscheinlichkeit eines tatsächlichen Kaufs zu organisieren.

„Identifizierungsmodelle" werden verwendet, um neue, zukünftige Kunden anhand von Merkmalen, die bereits in der Klassifizierung bestehender Kunden vorhanden sind, zu unterscheiden und zu gewinnen.

Die „automatisiertes Splitting" wird eingesetz, um geplante Kunden auf der Grundlage gemeinsamer Merkmale zu isolieren und zu charakterisieren, um sich auf dieselben maßgeschneiderten Werbetechniken und -missionen zu konzentrieren.

Die neue prädiktive Untersuchung erfordert eine große Menge an Transaktionsinformationen, die als Rahmen und Vorbereitungsmaterial dienen, um die Genauigkeit und Kompetenz der Vorhersagemodelle zu erhöhen. Kleine physische Organisationen können das Wachstum ihrer IT-Ressourcen nicht unterstützen; folglich können sie nicht kosteneffizient Informationen über das Verhalten ihrer Kunden in den Geschäften sammeln. Dies wird zu einem großen Vorteil für größere Organisationen mit einem besser entwickelten Registrierungsrahmen, der die Entwicklung größerer Organisationen im Gegensatz zu unabhängigen oder kleineren Unternehmen stärkt.

Nachweis der Erkennung aktueller Trends auf dem Markt

Unternehmen können Geräte zur "Informationsdarstellung" verwenden, die es Geschäftsführern und Managern ermöglichen, Erfahrungen über den aktuellen Zustand des Unternehmens zu sammeln und im Wesentlichen Informationen über das aktuelle Verhalten ihrer Kunden in einem "Bericht oder einer Scorecard" darzustellen. Diese Dashboard-Berichte regen im Allgemeinen Aktivitäten an, die sich am Kundenverhalten orientieren, und schaffen diese. So kann ein Unternehmen beispielsweise mit Hilfe von Informationsdarstellungsmitteln das Grundmuster der Kundennachfrage in bestimmten Bereichen erkennen und auch den Bestand für einzelne Geschäfte planen. Anhand ähnlicher Daten können die besten Produkte und Dienstleistungen für das Unternehmen ermittelt werden, die auf der Grundlage aktueller Marktschwankungen, die die Nachfrage der Kunden in die Irre führen könnten, versandt werden. Teile des Wissens aus dem Marktmodell können auch angewandt werden, um die Wirksamkeit des Managermodells zu erhöhen.

Kundensegmentierung und Zielgruppen

Eine der am wenigsten schwierigen und erfolgreichsten Methoden zur Rationalisierung eines Artikelangebots, um einen schnellen Umschwung im quantifizierbaren Unternehmensgewinn zu erreichen, ist die Fähigkeit, die „richtigen Kunden" mit Artikelangeboten anzusprechen, die zur „richtigen Zeit" passen. Dies ist mittlerweile die beliebteste Methode in der prädiktiven Forschung, um potenzielle Kunden für Werbeangebote auszuwählen. Eine explorative Studie der Aberdeen Group zeigt, dass Unternehmen, die ihre Produktpräsentation mit Hilfe von prädiktiver Forschung gestalten, eher in der Lage sind, "hochwertige Kunden" zu identifizieren. Hier ist es wichtig, über aktuelle organisatorische Informationen zu verfügen. Die vorgeschriebene energetische Praxis nutzt Informationen über das chronologische Kaufverhalten jedes aktuellen Kunden, untersucht sie separat und wendet sich mit einem maßgeschneiderten Angebot und Werbemaßnahmen an Kunden mit vergleichbarem Kaufkredit.

Die grundlegendsten Modelle der prädiktiven Forschung, die in dieser Anwendung verwendet werden, sind die „Sympathieumfrage", der „Agitationstest" und die „Reaktionsdemonstration". Dank dieser Anwendungen können Unternehmen beispielsweise erkennen, „ob es eine gute Idee ist, über einen längeren Zeitraum denselben Katalog von Artikeln und deren Preisen beizubehalten" oder „ob es effizienter wäre, ihre Verwaltung zu verwalten, indem sie einen Katalog anbieten, der regelmäßig aktualisiert wird, ebenso wie die Preise." Eines der führenden Szenario- und Organisationsangebote ist „Salesforce", das ein cloudbasiertes Szenario anbietet, mit dem Unternehmen Kundenprofile aus Informationen erstellen können, die sie aus offenen Quellen, einschließlich Kundenbeziehungen, CRM und anderen Organisationsanwendungen, gesammelt haben. Durch gezieltes und sorgfältiges Hinzufügen der in dieser Phase enthaltenen Informationen können Organisationen das Verhalten ihrer Kunden kontinuierlich verfolgen, um ein soziales Kundenmodell aufzubauen, das den emotionalen Kreislauf der Organisation kontinuierlich und langfristig betreut.

Fortschrittliche Marketingstrategien

Eine weitere Möglichkeit der prädiktive Forschung und Produktpräsentation besteht darin, Zugang zu einer Vielzahl kundenbezogener Informationen zu gewähren, wie z. B. Informationen aus Online-Medien und Informationen, die innerhalb von Organisationen organisiert werden. Das Verhaltensmodell des Kunden würde dann durch die Untersuchung aller zugänglichen Informationen und die Anwendung des „sozialen Scoring" erstellt werden. Alle Organisationen in den verschiedenen Bereichen müssen sich an den Wandel anpassen oder sich auf die Entwicklung des Kundenverhaltens über mehrere Kanäle oder Werbemittel einstellen. So können Unternehmen beispielsweise eines der oben beschriebenen proaktiven Erhebungsmodelle nutzen, um vorherzusagen, ob ihre organisierten Werbemaßnahmen über Online-Medien oder ihre vielseitigen Anwendungen erfolgreich sein werden.

Unternehmen können das prädiktive Bewertungsmodell nutzen, um zu verstehen, wie ihre Kunden mit ihren Produkten oder Dienstleistungen interagieren, und zwar anhand ihrer Gefühle oder Stimmungen, die sie auf Online-Medienplattformen in Bezug auf ein bestimmtes Thema teilen.

Kapitel 12. Data Mining und Anwendungen

Wozu dient die Werbung? Sie ist auf unseren Monitoren, Fernsehbildschirmen, Smartphone-Bildschirmen, in unseren Lieblingssendungen im Radio und in unseren Briefkästen zu sehen. Egal, wo wir hinschauen, wir finden ständig Werbung für etwas, das uns nicht interessiert. Bei diesen Anzeigen handelt es sich um das traditionelle „Schrotflintenprinzip", bei dem die Unternehmen einfach so viele Anzeigen wie möglich in unsere Richtung schalten und hoffen, dass wenigstens eine davon eine Wirkung zeigt. Wie wir uns vorstellen können, kostet diese Art von Marketing eine Menge Geld. Doch die Unternehmen wissen es nicht besser und geben weiterhin Geld für ausgefallene, skurrile und peinliche Werbung aus, in der Hoffnung, dass das Ganze funktioniert. Dank des maschinellen Lernens stehen wir möglicherweise kurz vor einer Zukunft, in der Computer kostengünstige Werbung produzieren, die in erschreckender Weise auf unser Verhalten zugeschnitten ist und genau in dem Moment ausgeliefert wird, in dem sie die größte Wirkung hat. Vielleicht leben wir bereits in einer dieser Zukünfte. Eines der Merkmale des Verbraucherverhaltens ist, dass die meisten Käufe automatisch getätigt werden, aber wichtige Lebensereignisse können diese Gewohnheiten durchbrechen und uns dazu bringen, neue Dinge auszuprobieren. Das bedeutet, dass die Werbung für Fig Newtons nicht unbedingt auf Menschen abzielt, die niemals Fig Newtons probieren würden, sondern auf diejenigen, die Süßigkeiten mögen und vielleicht etwas anderes probieren, weil sie gerade ein wichtiges Lebensereignis durchmachen, z. B. eine Scheidung, einen Autokauf oder eine Schwangerschaft. Woher weiß die Werbefirma, wer wer ist? Beim Data Mining werden so viele Daten wie möglich über Menschen gesammelt, damit Computer versuchen können, ihr Verhalten, ihre Wünsche und Motivationen vorherzusagen, um sie zur richtigen Zeit mit der richtigen Werbung anzusprechen. Natürlich würde die Werbung bei uns nie funktionieren, aber Maschinen können lernen, überzeugend zu sein.

Dabei ist zu beachten, dass Data-Mining-Verfahren zur Erstellung von Modellen für maschinelles Lernen verwendet werden. Diese auf maschinellem Lernen basierenden Modelle können Anwendungen antreiben, einschließlich der Empfehlungsprogramme, die auf vielen Websites zu finden sind, und der Technologie, mit der Suchmaschinen betrieben werden können.

Wie funktioniert das Data Mining?

Warum also ist Data Mining ein so wichtiger Prozess, auf den man sich konzentrieren sollte? Wie Sie sehen können, verdoppeln sich die schwindelerregenden Zahlen in Bezug auf das produzierte Datenvolumen alle zwei Jahre. Allein die Tatsache, dass wir mehr unstrukturierte Daten haben, bedeutet nicht, dass wir mehr Wissen haben. Mit Hilfe von Data Mining können jedoch einige der folgenden Aufgaben durchgeführt werden: Filtern Sie alle Störgeräusche in Ihren Daten aus, egal ob sie sich wiederholen oder chaotisch sind.

Es kann Ihnen helfen, Ihre Entscheidungsfindung zu beschleunigen, da sie auf Daten basiert, die Ihrem Unternehmen eher zu Wachstum und Erfolg verhelfen.

So können Sie besser verstehen, was an all diesen Informationen relevant ist, und diese dann nutzen, um zu beurteilen, welche Ergebnisse am besten für Ihre Bedürfnisse geeignet sind.

Es kann Ihnen helfen, Ihre Entscheidungsfindung zu beschleunigen, da sie auf Daten basiert, die Ihrem Unternehmen eher zu Wachstum und Erfolg verhelfen. Nun, da dies klar ist, ist es an der Zeit, sich anzusehen, wie all diese Datenauswertung funktionieren wird. Wir werden die Daten nicht nehmen, diese Trends werden sich zeigen, ohne dass wir sie weiter bearbeiten müssen, und hier können wir mit Data Mining arbeiten. Data Mining ist eine großartige Möglichkeit, eine große Menge an Informationen zu erforschen und zu analysieren, um alle Erkenntnisse, Trends und Muster zu finden, die wir aus diesen Informationen nutzen können.

So können wir beispielsweise mit Data Mining arbeiten, um mehr über die Meinungen und Stimmungen der Nutzer zu erfahren, um zu lernen, wie man Betrug aufdeckt, um uns beim Risikomanagement zu helfen, um Spam aus E-Mails zu filtern und sogar um Marketing zu betreiben. Sie alle sind für viele Arten von Unternehmen wichtig, und wenn Sie sie richtig einsetzen, werden Sie feststellen, dass Sie damit Ihre Kunden im Laufe der Zeit besser bedienen können.

Es gibt fünf grundlegende Schritte, die wir bei der Arbeit mit Data Mining betrachten werden. In einem ersten Schritt wird das Unternehmen einige Zeit damit verbringen, die Daten zu sammeln, die es verwenden möchte, und dann sicherstellen, dass alle Daten korrekt in sein Data Warehouse geladen werden. Ist dies geschehen, kann das Unternehmen die Daten speichern und verwalten. Manchmal geschieht dies auf den internen Servern des Unternehmens, manchmal wird es in die Cloud verlagert.

Wenn wir damit vorankommen, werden Managementteams, IT-Fachleute und sogar Geschäftsanalysten Zugang zu diesen Daten haben. Sie können dann entscheiden, wie sie all diese Informationen organisieren wollen. Wir können dann mit der Anwendungssoftware arbeiten, um die Daten entsprechend den vom Benutzer eingegebenen Ergebnissen zu sortieren. Im letzten Schritt präsentiert unser Endnutzer seine Ergebnisse und all diese Informationen in einem bestimmten Format, das für die Entscheidungsträger sinnvoller, leichter zu lesen und zu verstehen ist.

Wenn wir schon bei diesem Thema sind, müssen wir auch an der Datenspeicherung und der Data-Mining-Software arbeiten. Die verschiedenen Programme, die wir beim Data Mining einsetzen, sind für die Analyse der Muster und Beziehungen zuständig, die wir in den Daten finden können. All dies geschieht auf der Grundlage der vom Nutzer eingereichten Anfragen. Ein Unternehmen kann diese Software nutzen, um auf der Grundlage dieser Informationen neue Klassen zu erstellen.

Wir können diesen Punkt weiter veranschaulichen. Stellen wir uns vor, wir sind ein Restaurant, das mit Data Mining arbeiten möchte, um die richtigen Zeiten für das Angebot bestimmter Spezialitäten zu ermitteln. Zu diesem Zweck könnte das Restaurant alle Informationen, die es über die Spezialitäten sammeln konnte, konsultieren und feststellen, wie die Spezialitäten zu verschiedenen Tageszeiten und an verschiedenen Wochentagen funktionieren. Sie können dann eine Speisekarte erstellen, die auf den Tagen basiert, an denen die Kunden das Restaurant besuchen und was sie am ehesten bestellen, wenn sie dort essen gehen.

Wir können es auch auf die nächste Stufe bringen. In manchen Fällen findet ein Data Miner Informationscluster, die auf einer logischen Beziehung beruhen, oder er verbringt Zeit damit, sequenzielle Muster und Assoziationen zu identifizieren, um über einen langen Zeitraum mehr über seine Kunden zu erfahren.

Die Speicherung der Daten im Data Warehouse wird ein weiterer wichtiger Bestandteil des Datenextraktionsprozesses sein. Dies ist ein recht einfaches Verfahren, mit dem ein Unternehmen seine Daten in einer Datenbank oder einem Programm zentralisieren kann, anstatt die Informationen an mehreren Stellen zu verstreuen.

Mit dem Data Warehouse kann eine Organisation einige der Datensegmente für regelmäßige Analysen durch geeignete Benutzer und für den Zugriff durch bestimmte Benutzer bei Bedarf aufschlüsseln.

Es kommt jedoch auch vor, dass der Analytiker die Arbeit während dieses Prozesses in eine andere Richtung lenkt. Der Analytiker kann zum Beispiel mit einigen der nützlichsten Daten beginnen und dann sein eigenes Data Warehouse nach den darin enthaltenen Spezifikationen erstellen. Unabhängig davon, wie ein Unternehmen seine Daten organisieren will, wird es sie nutzen, um einige der Entscheidungsprozesse zu unterstützen, die vom Management des Unternehmens durchgeführt werden.

In diesem Sinne sollten wir auch Zeit darauf verwenden, Beispiele für Data Mining zu erforschen. Ein gutes Beispiel sind Lebensmittelgeschäfte. Viele der von uns besuchten Supermärkte geben ihren Kunden regelmäßig kostenlose Kundenkarten. Diese sind für die Kunden von Vorteil, da sie dadurch Zugang zu ermäßigten Preisen und anderen Sonderangeboten erhalten, die Nicht-Mitgliedern des Geschäfts verwehrt bleiben.

Auf diese Weise können beide Parteien profitieren. Der Kunde wird es zu schätzen wissen, dass er Geld sparen kann, und wird sich daher anmelden. Das Geschäft wird es zu schätzen wissen, dass es die Möglichkeit hat, die Kunden besser kennen zu lernen, die Preise so zu gestalten, dass mehr Kunden angelockt werden und so viel Geld wie möglich verdient wird.

An dieser Stelle sei darauf hingewiesen, dass Data Mining sowohl für den Kunden als auch für das Unternehmen Anlass zur Sorge sein kann. Einige Kunden sind besorgt über dieses Data-Mining-Verfahren, weil sie sich nicht sicher sind, ob das Unternehmen dieses Verfahren auf ethische Weise einsetzt. Es könnte auch ein Problem für ein seriöses und ehrliches Unternehmen sein, da die Stichproben, die sie verwenden, falsch sein könnten und sie daher die falsche Art von Informationen für ihre Entscheidungen verwenden werden.

Die meisten Unternehmen müssen einige Vorkehrungen treffen, wenn sie sich entscheiden, mit dem Data-Mining-Prozess zu arbeiten, um sicherzustellen, dass sie einen besseren Zugang zu ihren Kunden haben, und sie tun es gut durch einige sehr nützliche Erkenntnisse und noch mehr, weil sie auf dem Weg lernen können. Der Schwerpunkt muss auf dem Lernen aus den Mustern und Erkenntnissen liegen, die in all diesen Daten gefunden werden.

All diese Daten sind wichtig, wenn wir den Prozess der Datenwissenschaft durchlaufen. Wir müssen jedoch sicherstellen, dass wir verstehen, wie diese Daten funktionieren und was in ihnen steckt. Wenn wir all dies lernen, werden wir feststellen, dass es einfacher ist, als wir denken, die Daten besser zu verwalten und nach unseren Bedürfnissen zu arbeiten.

Unausgeglichene Datensätze

Obwohl unausgeglichene Daten ein häufiges Problem in Datensätzen sind, gibt es keine universelle Technik, um mit diesem Problem umzugehen. Wenn Klassifizierer mit unausgewogenen Daten gefüttert werden, wird die Klassifizierungsausgabe im Allgemeinen verzerrt, was dazu führt, dass immer die Mehrheitsklasse vorhergesagt wird und die Minderheitsklasse falsch klassifiziert wird. Aus diesem Grund müssen wir erkennen, wann die Ausgabe verzerrt ist und dieses Problem angehen, um die Genauigkeit zu verbessern. Zu diesem Zweck werden wir die Technik der synthetischen Überstichprobe von Minderheiten (SMOTE) und die K-Fold-Stratified-Cross-Validation-Methode einsetzen, um das Ungleichgewicht bei der Klassifizierung zu beseitigen.

Nachwort

Maschinelles Lernen ist ein spannendes und sich ständig weiterentwickelndes Gebiet. Obwohl die Beherrschung des Themas viele Jahre des Studiums in Anspruch nehmen kann, ist es möglich, schnell damit zu beginnen, indem man sich mit den Methoden und Zielen des maschinellen Lernens vertraut macht.

Trotz der geheimnisvollen Aura, die dieses Gebiet umgibt, sind viele der Methoden des maschinellen Lernens relativ einfache mathematische Werkzeuge, die es schon seit Jahrhunderten gibt. Erst jetzt werden sie auf die riesigen Datenmengen, so genannte Big Data, angewandt, die von Unternehmen und anderen großen Organisationen gesammelt werden.

Python ist ein hervorragendes Werkzeug für maschinelles Lernen. Python ist eine sehr einfache Programmiersprache, die die meisten Menschen recht schnell erlernen können. Es wurden Bibliotheken für Python entwickelt, die speziell für das maschinelle Lernen konzipiert sind. Daher ist es für einen Entwickler einfach, mit den Tools zu arbeiten und einfache Probleme des maschinellen Lernens zu lösen.

Der Weg nach vorn besteht darin, mehr zu üben und zu lernen. Beginnen Sie damit, so viele Übungen wie möglich zu machen, die die wichtigsten Algorithmen des maschinellen Lernens abdecken. Die Verwendung von überwachtem und unüberwachtem Lernen ist wichtig, denn wer maschinelles Lernen verstehen will, muss sich mit beiden vertraut machen. Sie sollten auch die Anwendung vieler Standardalgorithmen üben, z. B. die lineare Regression und die k nächsten Nachbarn.

Eine Sache, die ich vorschlagen würde, ist, sich nicht in der Verwendung von generierten Testdaten zu verlieren. Um Ihr Lernen und Ihre Entwicklung zu verbessern, erhalten Sie reale Datensätze, auf denen Sie Ihre Algorithmen ausführen können, um sich weiter mit der Praxis der Datenwissenschaft vertraut zu machen.

Viele Menschen, die neu im Bereich des maschinellen Lernens sind, fragen sich, welche spezifischen Bildungsnachweise für den Einstieg in diesen Bereich erforderlich sind. Es gibt zwar einige allgemeine Leitlinien, aber keine spezifischen Regeln. Zunächst kann man sagen, dass aller Wahrscheinlichkeit nach jeder, der ein wissenschaftliches oder technisches Studium absolviert hat, am maschinellen Lernen teilnehmen kann. Dies gilt sicherlich für Elektro- oder Computeringenieure.

Einige Personen, die für das maschinelle Lernen besser geeignet sind, sind jedoch Experten für Statistik und Wahrscheinlichkeitsrechnung. Ein gewisses Querschnittswissen kann nützlich sein, aber in gewisser Weise ist das maschinelle Lernen ein statistisches Feld, wenn es um die tägliche Praxis eines Datenwissenschaftlers geht. Ein hohes Maß an Kenntnissen in Statistik und Wahrscheinlichkeitsrechnung ist sicherlich nützlich.

Da es sich hier um einen fachübergreifenden Bereich handelt, kann ein Hintergrund in Informatik nützlich sein. Der ideale Kandidat verfügt über einen fundierten Hintergrund in Informatik und hat außerdem eine gute Ausbildung in Statistik. Je fortgeschrittener Ihr Hintergrund ist, desto mehr werden Sie in der Lage sein, sich in diesem Bereich zu vertiefen, einschließlich KI-Forschung und fortgeschrittenem Systemdesign. Wenn Sie mit einigen Modellen experimentieren, qualifiziert Sie das nicht dazu, maschinelle Lernsysteme für den Einsatz in einem neuen Robotersystem zu entwickeln. Dazu sind fortgeschrittene Kenntnisse in Informatik erforderlich.

Es gibt jedoch unterschiedliche Rollen und Ebenen des maschinellen Lernens. Diejenigen, die Wirtschaftsinformatik studieren, sind, sofern sie über ein gutes Verständnis von Statistik verfügen, gut geeignet, um als Datenwissenschaftler in vielen Unternehmen Aufgaben des maschinellen Lernens zu übernehmen. Die einfache Analyse von Kundendaten oder unternehmensinternen Daten nach Trends und Mustern erfordert kein tiefes Verständnis von künstlicher Intelligenz. Ihre Aufgabe ist es, die verfügbaren Tools für maschinelles Lernen zu nutzen, um die Art von Informationen zu extrahieren, die für das Unternehmen nützlich sind.

Daher sind maschinelles Lernen und Datenwissenschaft Bereiche, die eine große Bandbreite an Komplexität und Anwendungen aufweisen. Es gibt praktisch ein bestimmtes Niveau an Fachwissen, das zu vielen verschiedenen Bildungsniveaus und -typen, Hintergründen usw. passt. Es handelt sich um ein wachsendes Zukunftsfeld.

Wir lernten, was maschinelles Lernen ist und wie es heute von Unternehmen bei vielen verschiedenen Aufgaben eingesetzt wird. Wir haben auch gelernt, dass es überwachtes und unüberwachtes Lernen gibt und dass sie unterschiedlich sind. Wir lernten auch die Probleme kennen, die durch verschiedene Kompromisse beim maschinellen Lernen entstehen können.

Wir haben auch viele der wichtigsten Algorithmen des maschinellen Lernens erlernt, wie z. B. Regressionsmethoden, K-Nearest Neighbour-Methoden und Entscheidungsbäume. Ein wichtiger Teil der Entwicklung eines robusten und zuverlässigen maschinellen Lernsystems ist die Auswahl der am besten geeigneten Trainingsdatensätze und des besten Algorithmus für eine bestimmte Situation. Je mehr Erfahrung Sie in der Praxis des maschinellen Lernens haben, desto besser werden Sie in der Lage sein, die richtigen Algorithmen für ein bestimmtes Problem auszuwählen.

Wir haben auch gesehen, wie Python verwendet werden kann, um einige der häufigsten Aufgaben des maschinellen Lernens zu implementieren. Wir haben Python für Regression, K-Nearest Neighbours und andere Klassifizierungsmethoden verwendet. Wir haben uns die TensorFlow-Bibliothek, die Sciikit-Lernbibliothek und die Numpy-Bibliothek angesehen. Wir haben auch etwas über Keras gelernt und gesehen, wie man ein neuronales Netzwerk erstellt. Die Leistungsfähigkeit von Numpy steht hinter vielen der Tools, die zum Erstellen von Modellen für maschinelles Lernen mit Python verwendet werden.

Und was ist von nun an zu tun? Der erste Schritt besteht darin, weiter zu lernen. Sie sollten weiter üben, indem Sie mehr Modelle bauen und verschiedene Werkzeuge zum Bau Ihrer Modelle verwenden. Maschinelles Lernen ist jedoch viel mehr als nur ein Satz von Werkzeugen. Sie sollten so viele Zeitschriften wie möglich lesen und Videos aus zuverlässigen Quellen ansehen, damit Sie die Theorie und die Grundlagen des Konzepts des maschinellen Lernens erlernen können.

Ob Sie weiter gehen, hängt weitgehend von Ihrer derzeitigen Situation und Ihren künftigen Zielen ab. Wenn Sie bereits berufstätig sind, brauchen Sie vielleicht nicht zur Schule zu gehen und einen Abschluss in Informatik zu machen. Sie können die Werkzeuge für die praktische Anwendung in Ihrem derzeitigen Beruf erlernen. Wenn dies der Fall ist, dann ist die Praxis in Verbindung mit dem Selbststudium der beste Weg für Sie, obwohl dies natürlich immer eine Option ist, wenn Sie bereit und in der Lage sind, wieder zur Schule zu gehen, um eine gründliche Ausbildung in diesem Fach zu erhalten.

Für Berufsanfänger ist ein Abschluss in Informatik oder einem verwandten Fach wahrscheinlich der beste Weg, vor allem, wenn sie einen Job finden wollen. Datenwissenschaft und maschinelles Lernen sind wahrscheinlich keine Bereiche, in denen zu viele Menschen ohne einen Abschluss in einem verwandten Bereich eine Stelle finden können. Wenn möglich, suchen Sie eine Schule, an der Sie sich auf künstliche Intelligenz und maschinelles Lernen konzentrieren können.

Ich würde auch empfehlen, viele Mathematikkurse zu belegen, die sich auf Statistik und Wahrscheinlichkeitsrechnung konzentrieren. Ein gewisser "Geschäftssinn" wird oft empfohlen, so dass es nicht schaden kann, auch einige Managementkurse zu belegen. Das ist empfehlenswert, auch wenn viele technische Typen nicht so begeistert von der Business School sind. Sie gehen nicht dorthin, um einen MBA zu machen. Sie sollten sich jedoch ein Bild von den Geschäftsabläufen in einem großen Unternehmen machen und viele betriebswirtschaftliche Konzepte wie Business Intelligence, Predictive Analytics und Data Mining lernen, da diese für Unternehmen sehr nützlich sind. Sie bevorzugen Menschen, die dies verstehen und bereit sind, sofort loszulegen, um ihrem Team beizutreten.

Die Informatik ist ein verwandtes Fachgebiet, das ebenfalls studiert werden kann, Sie können aber auch Maschinenbau in Betracht ziehen. Denken Sie daran, dass es im Maschinenbau viel Robotikforschung gibt. Aber denken Sie daran, dass die Universität nur eine Eintrittsgebühr ist. Maschinelles Lernen ist ein sehr praktisches Gebiet, und viele der hier beschriebenen Werkzeuge werden in der realen Welt zum Einsatz kommen.

Ich hoffe, dies hat Ihr Interesse am maschinellen Lernen geweckt und wird Ihnen helfen, sich in diesem spannenden Bereich weiterzubilden und zu entwickeln.

TEIL 2

Vorwort

Python ist eine der beliebtesten Programmiersprachen, die ursprünglich von Guido Van Rossum in den späten 1980er Jahren entwickelt wurde. Seit seiner Einführung in die Welt der Informatik wurde Python immer wieder verändert und verbessert und ist heute eine der wichtigsten Programmiersprachen für Entwickler. Das Tool ist dynamisch, objektorientiert, multiparadigmatisch und imperativ. Es wird auf verschiedenen Betriebssystemen wie Windows, Linux, Android, macOS und iOS-Geräten verwendet. Es ist auch mit 32-Bit- und 64-Bit-Handys, Laptops und Desktop-Geräten kompatibel. Obwohl Python mehrere wichtige Bereiche für Programmierer abdeckt, ist es leicht zu erlernen, insbesondere für Anfänger mit minimalen Kenntnissen der Computerprogrammierung. Im Gegensatz zu den meisten anderen Programmiersprachen verfügt Python über eine benutzerfreundliche Syntax, in der auch Anfänger leicht üben und in wenigen Wochen zum Profi werden können. Allerdings können die Programmierprozesse je nach dem Motiv des Schülers für die Programmierung variieren. Trotz des damit einhergehenden vielfältigen Vokabulars und der manchmal komplizierten Tutorials zum Erlernen verschiedener Programmiertechniken lohnt es sich, Python zu lernen, um hervorragende Programme zu entwickeln.

Merkmale der Python-Programmierung

Einfache Sprache

Die meisten Programmiersprachen haben komplizierte und langwierige Kodierungssprachen, die für Anfänger umständlich sein können. Lange und anspruchsvolle Sprachen können schwer zu lernen und zu behalten sein, was es Anfängern schwer macht, sie zu lernen. Python hat eine sehr einfache und fantastische Syntax, die es Anfängern leicht macht, Programme ohne Komplikationen zu lesen und zu schreiben.. Im Vergleich zu Java und C++ können Sie mit Python einfach und ergebnisorientiert arbeiten.

Tragbarkeit

Dank seiner Fähigkeit, auf jedem Betriebssystem zu laufen, ermöglicht Python eine Portabilität, bei der Sie Ihren Code und Ihr Programm im Allgemeinen leicht von einem Gerät auf ein anderes übertragen können, ohne dass Ihr Fortschritt beeinträchtigt wird. Dieses Programmierwerkzeug ist sehr nützlich für Entwickler, die Geräte wechseln oder Daten von einer Plattform auf eine andere übertragen. So können Sie Ihr Programm nahtlos und ohne große Unterbrechung auf dem neuen Rechner ausführen. Darüber hinaus ermöglicht Python, dass Ihre Anwendung auf Ihrem Primärsystem weiterläuft und tatsächlich wie vorgesehen ausgeführt wird.

Standard-Bibliotheken

Heutzutage bestehen alle Programmiersprachen aus Bibliotheken, in denen Sie schnell ein Programm auswählen, die notwendigen Änderungen vornehmen und Ihren Code ausführen können. Einige dieser Bibliotheken verfügen nur über begrenzte Codierzeilen, so dass Sie gezwungen sind, Ihr eigenes Programm zu schreiben. Auf der anderen Seite verfügt Python über eine umfangreiche Standardbibliothek, die alle Ihre Programmieranforderungen abdeckt. Sie besteht zum Beispiel aus der MySQLdb-Bibliothek, mit der Sie eine Verbindung zur MySQL-Datenbank herstellen können, ohne einen Pfad zu erstellen. So wird Python zu einem der wichtigsten kommerziell genutzten Programmierwerkzeuge, wenn es um Tausende von Daten geht, da diese schnell abgerufen und einfach ausgeführt werden können.

Frei und quelloffen

Darüber hinaus bietet Python einen fantastischen kostenlosen Open-Source-Code, mit dem das Tool in verschiedenen Bereichen, z. B. im kommerziellen Bereich, eingesetzt werden kann. Im Gegensatz zu anderen Programmierwerkzeugen kann der Entwickler vor allem im Python-Quellcode Änderungen am Programm vornehmen oder den gewünschten Datensatz für das betreffende Feld auswählen. Obwohl Python in verschiedenen Bereichen der Computergemeinschaft verwendet wird, hat seine Verwendung stetig zugenommen, da es für Anfänger immer benutzerfreundlicher wird.

Herunterladen und Installieren von Python

Wie die meiste Software kann Python heruntergeladen, ausgeführt und auf einem System installiert werden, um einfach zu arbeiten. Je nach Betriebssystem kann es jedoch schwierig sein, sie herunterzuladen oder zu aktualisieren. Einige Systeme wie macOS und Linux werden oft mit einer vorinstallierten Version von Python geliefert, die meist veraltet ist. Daher ist für diese Python-Versionen ein Upgrade erforderlich, bei dem oft einzigartige Techniken zum Einsatz kommen. Im Gegensatz dazu muss der Nutzer bei anderen Betriebssystemen wie Windows und Android-Geräten die Python-Homepage oder andere einschlägige Websites besuchen, um die Software herunterzuladen und zu installieren.

Entwicklung und Implementierung von Python

Die Entwicklung von Python erfolgt in der Regel über das Python Enhancement Proposal (PEP), das zur Erstellung der neuesten und fortschrittlichsten Version geführt hat. PEP hat die Funktionen von Python, die Dokumentation und die Erstellung von wichtigen Fehlerkorrekturen verbessert, um Probleme beim Programmieren zu beseitigen. Darüber hinaus ist es gelungen, moderne Codierungsmethoden zu entwerfen und Standardbibliotheken zu erweitern, um alle Bedürfnisse von Entwicklern bei der Erstellung von Programmen zu erfüllen. In den meisten Fällen sammelt PEP Rückmeldungen von Entwicklern, die Python verwenden, und entwickelt Lösungen für die wichtigsten Probleme, die dabei auftreten.

Als Python in den 1980er Jahren zum ersten Mal veröffentlicht wurde, hatte es viele Vorteile, aber auch zahlreiche Unzulänglichkeiten innerhalb des Tools. Im Laufe der Jahre hat die Python Software Foundation bedeutende Änderungen vorgenommen, die die Unterschiede zwischen Python 1.0 und dem heute verwendeten Python 3.7 aufzeigen. So hat Python im Laufe der Zeit an Popularität gewonnen und wurde in verschiedenen Bereichen der Computergemeinschaft eingesetzt. So wurde die Programmiersoftware beispielsweise zur Erstellung von Webanwendungen auf verschiedenen Websites wie Instagram, Mozilla und Reddit verwendet. Weitere Anwendungen sind die Berechnung wissenschaftlicher und numerischer Werte und die Entwicklung von Software-Prototypen. Aufgrund seiner Benutzerfreundlichkeit wird Python häufig in der Ausbildung von Kindern und Anfängern verwendet, die eine Computersprache lernen möchten.

Python-Variablen

Python-Variablen sind benannte Abschnitte, die zum Speichern von Code im Systemspeicher verwendet werden und in erster Linie der Programmentwicklung dienen. Variablen sind für Python von grundlegender Bedeutung, insbesondere für Programmierer, die komplexe Programme erstellen, die mehrere Codewerte erfordern. Im Gegensatz zu anderen Programmiersprachen wie Java und C++ müssen in Python Variablen nicht deklariert werden, da sie sich sofort nach ihrer Benennung ändern. Python-Variablen sind also Speicherreservierungen, die dazu dienen, Werte zu speichern, die dem Programm übergeben werden, wenn sie benötigt werden. Die gespeicherten Daten variieren in der Regel je nach Art der Daten; sie können beispielsweise in Zahlen, Listen, Tuple oder als Dictionary gespeichert werden.

Listen enthalten sortierte und bearbeitbare Daten, die in der Form "Mein Computer" mit Anführungszeichen geschrieben sind. Auf Listenwerte kann über Indexnummern zugegriffen werden, die mit negativen ganzen Zahlen geschrieben werden. Wörterbücher enthalten indizierte und bearbeitbare Variablen, sind aber nicht sortiert und werden mit einfachen Anführungszeichen geschrieben. Für den Zugriff auf Wörterbuchwerte muss ein Schlüsselwort in Klammern gesetzt werden, was auch für andere Funktionen wie Schleifenbildung, Bearbeitung usw. hilfreich ist. Zahlen haben drei Formen: int, float und complex, die verschiedene gespeicherte numerische Werte darstellen, während Tuple aus Datenwerten bestehen, die geordnet sind, aber unverändert bleiben.

Benennung von Variablen in Python

Die Benennung von Variablen, insbesondere in Python, ist nützlich, weil sie diese Speichereinheiten für einen anderen Programmierer leicht identifizierbar macht. Die Namensgebung ist im Gegensatz zu anderen Programmierwerkzeugen einfach, da Anfänger einer bestimmten Variablen einen Namen zuweisen können. Bei der programmierung von Computersprachen folgt die Namensgebung jedoch bestimmten Regeln, um sicherzustellen, dass die Namen praktisch und leicht zu erkennen sind. Bei manchen Namen ist die Darstellung dessen, was in eine bestimmte Variable enthält, unerwünscht und führt zu Verwirrung unter den Programmierern. Einige dieser Regeln sind:

- Die Titel sollten aus einem Wort bestehen und keine Leerzeichen zwischen Buchstaben oder Zahlen enthalten.
- Die ersten Zeichen sollten niemals eine Zahl sein.
- Verwenden Sie niemals reservierte Wörter als Variablennamen.
- Der Name darf nur aus Buchstaben und Zahlen bestehen, wobei Unterstriche als Trennzeichen verwendet werden.
- Der Name muss mit einem Kleinbuchstaben beginnen.

Wenn Sie Namen zuweisen, die nicht diesen Regeln entsprechen, wird das System den Namen ablehnen, da es zwischen Groß- und Kleinschreibung unterscheidet. Im Allgemeinen kann das System Sie bei der Benennung der Variablen unterstützen, indem es Sie schnell darauf hinweist, wo der Fehler aufgetreten ist. Es gibt einige Situationen, in denen ein Entwickler einer Variablen mehrere Namen zuweisen möchte. Schreiben Sie also zwei oder mehr Wörter, um zu beschreiben, was in der Variable enthalten ist. In diesem Fall können Sie Ihren eigenen Namen erstellen, aber eine der beiden Methoden anwenden.

Die Pascal-Großbuchstaben-Methode, auch Pascalfall genannt, ist eine Form der Großschreibung, bei der zur besseren Lesbarkeit Wortumbrüche im ersten und folgenden Wort groß geschreiben werden müssen. Ein Beispiel für einen Pascal-Fall ist die Programmiersprache Python. Manchmal wird diese Methode als Kamel-Großschreibung oder Kamelfall bezeichnet. Sie ist eine Notation, die Wörtumbrüche in Großbuchstaben beschreibt. Ein Beispiel dafür ist die Programmiersprache Python. Eine weitere Methode ist der Schlangenfall, bei dem Unterstriche als Trennzeichen bei der Erstellung des Variablennamens verwendet werden. Zum Beispiel: python_Programmiersprache. Alle drei Arten der Mehrfachbenennung von Python-Variablen sind korrekt, und Sie können zwischen ihnen wählen, wenn Sie Ihrer Variablen einen Titel zuweisen.

Arten von Datenvariablen

Int

Dies ist eine numerische Datenvariable, die in 16-Bit-Werten gespeichert wird und in Python von -32.768 bis 32.767 reicht, aber von anderen Programmierwerkzeugen abhängt. Int speichert bis zu 2 mathematische Komplemente, was darauf hindeutet, dass es Reserven für negative Zahlen bieten kann. Int ist daher eher in der Lage, geeignete Lagereinheiten für kleine Mengen bereitzustellen. Wenn es um arithmetische Variablen geht, spielt int eine wichtige Rolle bei der Versorgung Ihres Programms mit den erwarteten Daten.

Char

Char sind Datenvariablen, die zum Speichern von Datencodes verwendet werden, die als Literalwerte ausgedrückt und in einfachen Anführungszeichen geschrieben werden, wie z. B. 'A'. Die Werte sind ebenfalls numerisch, aber mit direkter Sichtbarkeit der in einem bestimmten Programm verwendeten Codes. Char macht daher die Leistung von arithmetischen Funktionen recht nützlich, da Daten normalerweise in 8 Bit gespeichert werden, die speicherintensivsten Daten jedoch in Bytes. Char oder Zeichen sind kleinere Speichereinheiten als Bytes.

Bytes

Bytes sind viel größere Datenspeichereinheiten, die für die Speicherung von Werten mit höherem Speicherbedarf und von Werten, die nicht in Char gespeichert werden können, unerlässlich sind. Bytes werden auch zum Speichern von 8-Bit-Zahlen ohne Vorzeichen verwendet, die zwischen 0 und 255 liegen. Bytes und Char spielen eine ähnliche Rolle als Speicherpools für den Datentyp Zahl, unterscheiden sich aber in der Größe der in jedem Abschnitt gespeicherten Werte.

Strings

Dies ist eine weitere Form der Datenvariable, die ein Array von Datentypen oder Zeichen in einer Zeichenkette speichert. Die verwendete Syntax enthält mehrere Deklarationen, bevor die Werte für die Verwendung als Zeichenketten markiert werden, einschließlich Arrays von char. Zeichenketten werden normalerweise in Anführungszeichen gesetzt und können eine große Anzahl von Werten in einer Zeichenkette speichern. Char können auch aufgespalten werden, um andere Zeichenketten zu bilden, da sie beim Abrufen der für die Erstellung eines Programms erforderlichen Daten viele Anweisungen erfordern.

Python-Fehlersuche

Debugging ist der Prozess oder die Technik, die verwendet wird, um Probleme zu erkennen und zu beseitigen, die beim Schreiben und Ausführen eines Programms auftreten. Seit seiner Einführung in den 1940er Jahren ist das Debugging von Computern eine der Techniken zur Vermeidung von Fehlern, Bugs und Irrtümern, die während der Programmierung auftreten. Sein direktes Gegenteil ist das Anti-Debugging, das darin besteht, diese Fehler mit Hilfe von Werkzeugen wie modifiziertem, API-basiertem Code, Timing und Latenz umzukehren, zu erkennen und zu beseitigen.

In Python beinhaltet die Software auch Debugging, verlässt sich aber in erster Linie auf einen Python-Interpreter, der Probleme erkennt und beseitigt. In einigen Fällen ist das Debugging in Python recht effektiv und ermöglicht es dem Programmierer, nach jedem Haltepunkt ein Programm zu erstellen. Beim Schreiben von Code ist es möglich, kontinuierlich Code einzugeben, ohne Fehler, Bugs oder sogar Tippfehler zu erkennen, die das Ergebnis beeinträchtigen können. Daher weisen Debugger in der Regel auf diese Probleme hin und können sie sofort beheben oder einen Haltepunkt setzen, um sie zu korrigieren.

Kapitel 1. Über Datenanalyse

Die Unternehmen haben viel Zeit damit verbracht, sich mit der Datenanalyse zu befassen und zu sehen, was sie für sie tun kann. Daten sind allgegenwärtig, und es scheint, als gäbe es jeden Tag eine Menge neuer Informationen, mit denen wir arbeiten können. Egal, ob Sie ein Unternehmen sind, das mehr über Ihre Branche und Ihre Kunden wissen möchte, oder einfach eine Einzelperson, die eine Frage zu einem bestimmten Thema hat, Sie finden hier eine Fülle von Informationen, die Ihnen den Einstieg erleichtern.

Viele Unternehmen haben es sich zur Gewohnheit gemacht, Daten zu sammeln und zu lernen, wie man sie nutzen kann. Sie haben entdeckt, dass die Daten viele Erkenntnisse und Vorhersagen enthalten, die ihnen in Zukunft helfen werden. Wenn wir die Daten richtig nutzen und sie gut verwalten, können sie unserem Unternehmen zu mehr Erfolg verhelfen.

Sobald die Daten gesammelt sind, gibt es Arbeit zu tun. Nur weil Sie all diese Daten sammeln können, heißt das noch lange nicht, dass Sie auch die Muster darin erkennen. Hier wird uns die Datenanalyse helfen, Ergebnisse zu erzielen. Das Ziel dieses Prozesses ist es, sicherzustellen, dass wir den Inhalt unserer Daten vollständig verstehen und dass wir die Nutzung all dieser Rohdaten erleichtern können, um intelligente, fundierte Geschäftsentscheidungen zu treffen.

Die Datenanalyse, um noch ein wenig weiter zu gehen, ist eine Praxis, bei der wir einige der Rohdaten, die unser Unternehmen gesammelt hat, nehmen und sie dann so organisieren und klassifizieren können, dass sie nützlich sind.

Wir werden feststellen, dass wir mit all diesen Methoden leichter mit der Datenanalyse arbeiten können, da wir einige der notwendigen Anpassungen des Prozesses vornehmen können, um sicherzustellen, dass er für unsere Bedürfnisse funktioniert, unabhängig davon, in welchem Bereich wir arbeiten oder was unsere Hauptfrage zu Beginn ist.

Bei der Datenanalyse müssen wir unter anderem darauf achten, dass wir die uns vorliegenden Daten nicht manipulieren. In der Analysephase kann es sehr leicht passieren, dass die Daten in falscher Weise manipuliert werden und bestimmte Schlussfolgerungen oder Programme gezogen werden, die gar nicht existieren. Deshalb müssen wir bei der Datenanalyse genau aufpassen und kritisch über die Daten und die Schlussfolgerungen, die wir daraus ziehen können, nachdenken.

Wenn Sie sich nicht sicher sind, ob Sie diese Art von Analyse unvoreingenommen durchführen können, ist es wichtig, dass Sie eine andere Person mit der Bearbeitung beauftragen oder eine andere Quelle wählen. Es gibt viele Daten, und sie können Ihrem Unternehmen helfen, gute Ergebnisse zu erzielen, aber Sie müssen mit diesen Vorurteilen vorsichtig sein, sonst werden sie Sie letztendlich zu falschen Entscheidungen führen, wenn Sie nicht vorsichtig sind.

Sie werden auch feststellen, dass die Rohdaten, mit denen Sie bei der Datenanalyse arbeiten werden, viele Formen annehmen können. Dazu gehören Beobachtungen, Umfragen und Messungen, um nur einige Beispiele zu nennen. Welche Quellen Sie für diese Art von Rohdaten verwenden, hängt davon ab, wonach Sie suchen, was Ihre Hauptfragestellung ist und so weiter.

In ihrer Rohform sind die von uns gesammelten Daten sehr nützlich, aber vielleicht sind sie für Sie ein wenig überwältigend, wenn Sie damit arbeiten. Dies ist ein Problem, mit dem viele Unternehmen bei der Datenanalyse konfrontiert sind, und Sie werden einige Zeit damit verbringen müssen, es zu erforschen und mehr darüber zu erfahren.

Während der Zeit, die Sie mit der Analyse der Daten und allen damit verbundenen Schritten verbringen, werden die Rohdaten so sortiert, dass sie für Sie so nützlich wie möglich sind. Wir können zum Beispiel eine Umfrage durchführen und die Ergebnisse vergleichen. Auf diese Weise können wir auf einen Blick sehen, wie viele Personen sich entschlossen haben, an der Umfrage teilzunehmen, und wie bereitwillig einige der spezifischen Fragen in dieser Umfrage beantwortet wurden.

Beim Ordnen der Daten wird sich wahrscheinlich ein Trend herauskristallisieren, manchmal auch mehrere. Darüber hinaus können wir einige Zeit damit verbringen, diese Trends hervorzuheben, in der Regel durch die Formulierung der Daten. Dies sollte hervorgehoben werden, da es sicherstellt, dass die Person, die die Informationen liest, diese auch zur Kenntnis nimmt.

Es gibt viele Orte, an denen wir dies sehen werden. In einer Art Zufallsumfrage könnten wir zum Beispiel herausfinden, welche Eissorten Männer und Frauen am liebsten mögen. In dieser Umfrage könnten wir feststellen, dass Frauen und Männer eine Vorliebe für Schokolade äußern würden. Je nachdem, wer diese Informationen nutzt und was er sich davon verspricht, kann dies für den Forscher sehr interessant sein.

Die Modellierung der in der Umfrage gefundenen Daten oder eine andere Methode der Datenanalyse mit Hilfe von Mathematik und anderen vorhandenen Werkzeugen kann manchmal zu einer Übertreibung von Punkten von Interesse führen, wie z. B. die Vorlieben für Eiscreme. Dies macht es für jeden, der die Daten betrachtet, insbesondere für den Forscher, einfacher zu sehen, was vor sich geht.

Neben der Betrachtung aller gesammelten und sortierten Daten müssen Sie noch einige weitere Schritte durchführen. Dies alles soll demjenigen helfen, der diese Informationen benötigt; er kann sie lesen und sehen, was sie enthalten und was er mit all diesen Daten machen kann. Es geht darum, wie sie die Informationen nutzen können, um zu erkennen, was vor sich geht, welche komplexen Beziehungen bestehen und vieles mehr.

Das bedeutet, dass wir viel Zeit damit verbringen müssen, Daten, Diagramme, Tabellen und andere Darstellungsformen zu erstellen, um sie denjenigen zu präsentieren, die sie am meisten benötigen. Dies wird einer der letzten Schritte der Datenanalyse sein. Diese Methoden dienen dazu, die Daten zu filtern und zu verfeinern, so dass die Leser nützliche Informationen daraus ziehen können, ohne sich die Rohdaten ansehen und selbst herausfinden zu müssen, was darin enthalten ist.

Die Zusammenfassung der Daten in diesen Schritten ist entscheidend und muss gut und konsequent durchgeführt werden. Dies ist sehr wichtig, um einige der Argumente, die mit diesen Daten vorgebracht werden, zu untermauern und sie klar und verständlich darzustellen. Bei diesem Schritt müssen wir bedenken, dass die Person, die diese Zusammenfassung benötigt und sie für eine wichtige Geschäftsentscheidung verwenden wird, nicht immer ein Datenwissenschaftler ist. Sie benötigen alle Informationen in einfacher und leicht verständlicher Form. Daher sollten die Daten so geschrieben werden, dass sie leicht zu verstehen und leicht zu lesen sind.

Häufig geschieht dies durch eine Form der Datenvisualisierung. Es gibt viele visuelle Möglichkeiten, die wir nutzen können, und die Arbeit mit einer Form von Diagramm oder Tabelle ist eine gute Option. Die Arbeit mit der Methode, die am besten zu Ihren Bedürfnissen und den von uns verwendeten Daten passt, ist der beste Weg, um die für Sie am besten geeignete Visualisierung zu ermitteln.

Es ist einfacher, die Informationen in einem grafischen Format zu lesen, als die Daten zu lesen und zu erwarten, dass sie so gut wie möglich funktionieren. Sie könnten alles aufschreiben, wenn Sie wollten, aber das wäre nicht so leicht zu lesen und nicht so effizient. Um einige dieser komplexen Zusammenhänge schnell und effizient zu erkennen, ist die Arbeit mit einer grafischen Visualisierung eine der besten Optionen, die man wählen kann.

Selbst wenn wir einige Zeit mit einer Datenvisualisierung verbringen müssen, um sie leichter zu handhaben und zu verstehen, ist es gut, einige der Rohdaten als Anhang hinzuzufügen, anstatt sie zu verwerfen. So kann die Person, die regelmäßig mit diesen Daten arbeitet, ihre spezifischen Ressourcen und Zahlen überprüfen. Dies kann dazu beitragen, einige der Ergebnisse zu verstärken, die Sie insgesamt erzielen.

Wenn Sie derjenige sind, der die Ergebnisse der Datenanalyse erhält, stellen Sie sicher, dass Sie die Ergebnisse und zusammengefassten Daten, die Sie von Ihrem Datenwissenschaftler erhalten, kritischer prüfen und analysieren. Sie sollten sich die Zeit nehmen, um zu fragen, woher die Daten stammen; das wird wichtig sein, und Sie sollten sich auch die Zeit nehmen, um nach der für all dies verwendeten Stichprobenmethode zu fragen, einschließlich des Zeitpunkts der Datenerhebung. Es ist auch wichtig, den Stichprobenumfang zu kennen.

Auf diese Weise erfahren Sie mehr über die Ihnen vorliegenden Daten und können dann feststellen, ob Sie die Daten verwenden können oder ob es dabei zu Verzerrungen kommt. Wenn die Datenquelle oder zumindest eine der Quellen einen Konflikt aufweist, über den Sie sich Sorgen machen, wird dies Ihre Ergebnisse in Frage stellen, und Sie sollten sich näher damit befassen.

Kapitel 2. Warum Python für die Datenanalyse

Wie Python bei der Datenanalyse helfen kann

Nachdem wir nun einige der Vorteile der Sprache Python und einige der Bestandteile dieser Programmiersprache besprochen haben, ist es an der Zeit, einige der Gründe zu erfahren, warum Python die Programmiersprache ist, die uns bei all den Komplexitäten und Programmen hilft, die wir mit Data Science machen wollen.

Wenn wir zurückblicken, können wir feststellen, dass Python unter Datenwissenschaftlern schon seit langem ziemlich berühmt ist. Obwohl diese Sprache nicht speziell zur Unterstützung der Datenwissenschaft entwickelt wurde, wird sie von Datenwissenschaftlern für einen Großteil ihrer Arbeit akzeptiert und eingesetzt.

Natürlich fallen uns einige Gründe ein, warum Python eine der beliebtesten Programmiersprachen ist und warum sie so gut für Data Science geeignet ist. Einige der besten Vorteile der Verwendung von Python zur Unterstützung Ihres Data Science-Modells oder -Projekts sind:

Python ist sehr einfach. Einer der besten Aspekte beim Erlernen der Programmiersprache Python ist, dass man selbst als jemand, der völlig neu im Programmieren ist und noch nie in diesem Bereich gearbeitet hat, die Grundlagen ziemlich schnell erlernen kann. Bei der Entwicklung dieser Sprache standen vor allem zwei Ideen im Vordergrund, nämlich Lesbarkeit und Einfachheit.

Diese Eigenschaften sind im Bereich der Programmiersprachen einzigartig. Sie gelten oft nur für eine objektorientierte Programmiersprache, die ein enormes Problemlösungspotenzial hat.

All dies bedeutet, dass, wenn Sie ein Anfänger in der Arbeit mit Data Science und der Sprache Python sind, dann die Summe dieser beiden könnte der Schlüssel zum Einstieg sein. Beides scheint einfach zu sein, wenn man mit ihnen zusammenarbeitet, aber man kann in kurzer Zeit eine Menge Arbeit erledigen. Auch wenn Sie bereits über mehr Programmiererfahrung verfügen, werden Sie feststellen, dass Python Data Science Ihrem Lebenslauf viel Tiefe verleiht und Ihnen hilft, diese Projekte zu verwirklichen.

Der nächste Vorteil ist, dass Python schnell und attraktiv ist. Der Code, den wir mit Python schreiben können, wird nicht nur so einfach wie möglich sein, sondern auch raffinierter und viel schöner als andere. Python-Code nimmt beispielsweise ein Drittel des Volumens von Java-Code und ein Fünftel des Volumens von C++-Code ein, nur um dieselbe Aufgabe zu erfüllen.

Die Verwendung allgemeiner Ausdrücke beim Schreiben von Code anstelle von Variablendeklarationen und Leerzeichen anstelle von hässlichen Klammern kann ebenfalls dazu beitragen, dass Python-Code besser aussieht. Das macht den Code nicht nur attraktiver, sondern kann auch dazu beitragen, dass das Erlernen einer neuen Programmiersprache nicht mehr so mühsam ist. Diese Kodiersprache kann viel Zeit sparen und das Gehirn des Datenwissenschaftlers weniger beanspruchen, so dass die Arbeit an einigen der komplexeren Aufgaben, wie z. B. der Datenanalyse, insgesamt viel leichter zu bewältigen ist.

Die Python-Bibliothek zur Datenanalyse, bekannt als Pandas, ist eine der besten Bibliotheken, die uns bei der Verwaltung aller Teile unserer Datenanalyse und des gesamten Data-Science-Prozesses hilft. Pandas kann eine große Menge an Daten abrufen, ohne sich über Verzögerungen oder andere Probleme bei der Verarbeitung Gedanken zu machen. Das ist eine gute Nachricht für Datenwissenschaftler, denn es hilft ihnen, ihre Daten schnell zu filtern, zu sortieren und zu visualisieren.

Der nächste Punkt auf der Liste ist, dass die Nachfrage nach der Python-Bibliothek rapide ansteigt. Obwohl die Nachfrage nach Fachkräften in der IT-Welt in letzter Zeit zurückgegangen ist, zumindest im Vergleich zu früher, steigt die Nachfrage nach Programmierern, die mit Python arbeiten können, stetig an. Das ist eine gute Nachricht für diejenigen, die noch in diesem Bereich arbeiten wollen und nach ihrer Nische oder einer Möglichkeit suchen, sich von anderen abzuheben, wenn sie einen neuen Job bekommen.

Da Python so viele Vorteile hat und bewiesen hat, dass es eine großartige Sprache für viele Dinge ist, einschließlich Datenanalyseprogrammen und Algorithmen für maschinelles Lernen, werden viele datenorientierte Unternehmen nach Personen mit Pythonkenntnissen Ausschau halten. Wenn Sie bereits über gute Python-Kenntnisse verfügen, können Sie den Arbeitsmarkt bereits jetzt erschließen.

Schließlich kommen wir zurück auf die Idee der lebendigen Gemeinschaft, die mit der Sprache Python verfügbar ist. Es gibt Zeiten, in denen man an einem Projekt arbeitet und die Dinge nicht so laufen, wie man es sich vorgestellt oder geplant hat. Frustration ist möglich, hilft aber nicht, die Lösung zu finden.

Die gute Nachricht ist, dass Sie die lebendige Gemeinschaft und alle Programmierer in dieser Gemeinschaft nutzen können, um Ihnen zu helfen, wenn Sie nicht weiterkommen. Die Python-Gemeinschaft ist stark gewachsen und besteht aus leidenschaftlichen und sehr aktiven Mitgliedern.

Wie Python in die Datenanalyse kommt

Der nächste Punkt auf unserer Liste, auf den wir uns konzentrieren müssen, ist, wie wir mit Python arbeiten können, um die von uns gewünschte Datenanalyse durchzuführen. Die Analyse von Daten und deren Nutzung besteht aus vielen verschiedenen Teilen und erfordert einige Zeit und eine gute Planung. Irgendwann müssen wir jedoch überprüfen und sicherstellen, dass wir mit einer Programmiersprache arbeiten, die vielseitig und stark ist und uns bei der Ausführung unserer Algorithmen hilft, wenn wir uns weiterentwickeln.

Unsere Algorithmen sind sehr wichtig für die Funktionsweise der Datenanalyse. Das sind die Paare, die unsere Daten analysieren, sie klassifizieren und uns sagen, welche Erkenntnisse oder Muster sie enthalten. Aber damit sie gut funktionieren und wir am Ende nicht mit einem großen Durcheinander und ungenauen Ergebnissen dastehen, müssen wir sicherstellen, dass wir eine gute Sprache für die Umsetzung wählen.

Es gibt viele verschiedene Programmiersprachen, mit denen wir arbeiten können, und jede bringt sowohl positive als auch negative Aspekte mit sich, mit denen wir umgehen müssen. Wenn der Gedanke an das Programmieren und das Erlernen einer Programmiersprache Sie nervös und ängstlich macht, brauchen Sie keine Angst zu haben. Es gibt viele verschiedene Sprachen, auf die wir uns konzentrieren können, um unsere Algorithmen zu verwalten und die besten Ergebnisse zu erzielen, wenn wir mit unseren Datenanalysen arbeiten wollen.

Die Sprache Nummer eins, die für die Datenanalyse und das maschinelle Lernen, das wir zur Verwaltung dieser Algorithmen implementieren müssen, geeignet ist, ist Python. Wie wir in diesem Kapitel erkunden werden, bietet Python viele Vorteile, egal ob Sie die Grundlagen des Programmierens erlernen wollen oder sich für so etwas Kompliziertes wie die Datenanalyse interessieren. Werfen wir einen Blick auf einige dieser Vorteile. Es gibt viele verschiedene Programmiersprachen, aber viele von ihnen sind schwieriger zu erlernen. Sie sind oft für einige der komplexeren Codierungsarten reserviert, die Sie verwenden möchten, und Sie können später darauf aufbauen. Wenn Sie jedoch ein absoluter Anfänger in der Programmierung sind, dann ist Python die beste Wahl für Sie. Python verfügt über eine großartige Bibliothek, mit der das Programmieren leicht zu erlernen ist. Sie werden erstaunt sein, welche Möglichkeiten Sie bei der Arbeit mit Python haben und wie viele Optionen und Funktionen in dieser Sprache zu finden sind. Ganz gleich, ob Sie Anfänger sind oder Ihre Kenntnisse um einige Programmierteile und Sprachen erweitern möchten, Sie werden feststellen, dass die traditionelle Python-Bibliothek alle Teile enthält, die Sie benötigen, um erfolgreicher zu sein.

Es gibt viele Erweiterungen und andere Bibliotheken, die mit Python arbeiten und speziell dafür entwickelt wurden, die Fähigkeiten von Python zu verbessern und es für eine gute Datenanalyse besser zu machen. Während die traditionelle Bibliothek, die mit Python mitgeliefert wird, viel von dem enthält, was Sie brauchen, können andere Erweiterungen Ihnen helfen, einige der Prozesse zu vervollständigen, die Sie mit Data Science, Datenanalyse und sogar maschinellem Lernen wünschen. Mehr als jede andere Sprache hat Python viele dieser Optionen, die die Arbeit mit der Sprache im Allgemeinen sehr erleichtern können.

Bei der Arbeit mit Python kann man eine Menge erleben. Wir haben zwar einige Zeit damit verbracht, darüber zu sprechen, wie einfach es ist, die Sprache Python zu erlernen, aber wir sollten nicht vergessen, dass eine einfache Bedienung nicht bedeutet, dass man an Effizienz verliert. Die gute Nachricht ist, dass Python sehr leistungsfähig ist und Sie damit fast jedes Projekt bewältigen können, das Sie sich vorstellen können.

Die Python-Gemeinschaft ist großartig und ermöglicht es auch Anfängern, die nötige Hilfe zu bekommen. Das hört sich vielleicht nicht viel an, aber wenn Sie lernen, mit einer neuen Sprache zu arbeiten, ist das von unschätzbarem Wert. Wann immer Sie etwas Neues lernen müssen, eine neue Frage haben oder feststecken und nicht wissen, wie Sie etwas reparieren und wieder zum Laufen bringen können, wird diese Gemeinschaft die Antwort sein, die Sie brauchen.

Die Gemeinschaft wird Programmierer aus der ganzen Welt umfassen. Sie haben in der Regel einen unterschiedlichen Erfahrungsstand, was die Möglichkeiten der Programmierung angeht. Als Anfänger können Sie problemlos mitmachen und einbezogen werden. Und viele fortgeschrittene Programmierer sind bereit, etwas von ihrer Zeit und ihrem Wissen mit Ihnen zu teilen. Dies erleichtert einige der Arbeiten, die Sie erledigen möchten, und macht es einfacher, etwas Neues zu lernen.

Kapitel 3. Die Schritte der Datenanalyse

Nachdem einige der Ideen einer Datenanalyse oben definiert wurden, um uns zu zeigen, warum sie so wichtig ist, ist es nun an der Zeit, einige der Schritte zu betrachten, die für diesen Prozess so wichtig sind. Wenn wir ein wenig mehr über einige Schritte der Datenanalyse erfahren und was wir damit tun können, werden wir entdecken, warum wir diese Methode nutzen sollten, um aus Big Data zu lernen und sicherzustellen, dass Ihr Unternehmen in der Lage ist, diese Informationen zu nutzen, um der Konkurrenz voraus zu sein.

Für die meisten Unternehmen wird es kein Problem sein, nicht genügend Informationen zu haben. Diese Unternehmen werden die Erfahrung machen, dass sie zu viele Informationen zu verwalten haben und nicht wissen, was sie damit anfangen sollen. Diese übermäßige Menge an Daten erschwert es, eine klare Entscheidung auf der Grundlage der Daten zu treffen, was ebenfalls ein Problem darstellen kann. Bei so vielen Daten, die es zu analysieren gilt, müssen wir mehr aus ihnen herausholen.

Das bedeutet, dass wir wissen müssen, ob die Daten, die wir haben, für die Fragen, die wir beantworten wollen, geeignet sind. Wir müssen wissen, wie wir aus den Daten, mit denen wir arbeiten, genaue Schlussfolgerungen ziehen können. Darüber hinaus benötigen wir Daten, die den Entscheidungsprozess unterstützen können.

Bei all dem müssen wir sicherstellen, dass wir über die beste Art der Datenanalyse verfügen und einsatzbereit sind. Mit dem richtigen Prozess und den richtigen Werkzeugen für unsere Datenanalyse wird etwas, das anfangs als zu viel und überwältigend erscheinen mag, zu einem einfachen, klaren und leicht durchführbaren Prozess.

Um uns dabei zu helfen, müssen wir einige der grundlegenden Schritte wiederholen, die notwendig sind, um Daten zu nutzen und bessere Entscheidungen zu treffen. Es gibt viele Möglichkeiten, dies aufzuschlüsseln und es für uns besser zu machen, aber wir werden es in fünf Schritte aufschlüsseln, die wir verwenden und auf die wir uns verlassen können, um einige der besten Gesamtergebnisse zu sehen.

Einige der Schritte, mit denen wir unsere Datenanalyse produktiver gestalten können, um bessere Entscheidungen im Unternehmen zu treffen, sind:

- Nachfrage definieren,
- Festlegung einer klaren Messung,
- Sammeln Sie die Daten,
- Auswertung der Daten,
- Interpretation der Ergebnisse.

Definition der Fragestellung

Der erste Schritt bei der Datenanalyse besteht darin, die Priorität zu definieren, die Sie ansprechen wollen. Sie sollten nicht wahllos mit den Ihnen vorliegenden Daten arbeiten und erwarten, dass sie Ihnen etwas zeigen, denn dadurch werden Sie sich verirren und verwirrt werden. Sie müssen eine klare Vorstellung davon haben, wo Sie hinwollen und was Sie aus den Daten lernen wollen, und dann von dort aus arbeiten.

Bei Ihrer Datenanalyse müssen Sie mit den richtigen Fragen beginnen. Fragen sind wichtig, aber stellen Sie sicher, dass sie präzise, messbar und klar sind. Gestalten Sie die Fragen so, dass sie einige der möglichen Lösungen, die Sie für ein bestimmtes Problem oder eine bestimmte Gelegenheit suchen, qualifizieren oder disqualifizieren.

Sie können zum Beispiel mit einem Problem beginnen, das Sie klar definieren können. Vielleicht sind Sie ein staatlicher Vertragsunternehmer und stellen fest, dass Ihre Kosten sehr stark steigen. Aus diesem Grund können Sie für einen Teil der von Ihnen ausgeführten Arbeiten keinen wettbewerbsfähigen Vertrag mehr vorlegen. Sie sollten sich eingehender mit diesem Thema befassen und herausfinden, wie Sie das Problem des Unternehmens lösen können.

Klare Messungen festlegen

Als Nächstes müssen wir klare Prioritäten bei Ihren Messungen setzen; dies können wir in zwei Teilbereiche unterteilen. Die erste Teilmenge besteht darin, dass wir entscheiden müssen, was wir messen wollen, und die zweite Teilmenge besteht darin, wie wir es messen wollen.

Dann werden wir zu der Entscheidung kommen, was wir messen wollen. Dabei müssen wir sicherstellen, dass wir alle vernünftigen Einwände von Interessengruppen und anderen, die mit dem Unternehmen zusammenarbeiten, berücksichtigen. Sie sind vielleicht besorgt darüber, was passieren würde, wenn die Belegschaft abgebaut wird und kurz darauf die Nachfrage stark ansteigt und sie nicht in der Lage sind, innerhalb des richtigen Zeitrahmens neue Mitarbeiter einzustellen.

Nach diesem ersten Schritt ist es an der Zeit, einige Entscheidungen über die Art der Messung zu treffen. Ebenso wichtig ist es, sich Gedanken darüber zu machen, wie wir die vorhandenen Daten messen können, insbesondere bevor wir zur Datenerfassung übergehen, denn der Messprozess wird unsere Analyse entweder unterstützen oder sie später diskreditieren. In dieser Phase gibt es oft eine Reihe von Fragen zu stellen, aber einige der wichtigsten sind zu beachten:

1. Welchen Zeitrahmen ziehen wir in Betracht?
2. Auf welche Maßeinheit stützen wir uns bei unserer Analyse?
3. Welche Faktoren müssen wir bei all dem berücksichtigen?

Datenerhebung

Nachdem wir etwas Zeit hatten, unser großes Problem zu untersuchen und zu definieren und die Messungen, die wir verwenden werden, auszuarbeiten, ist es an der Zeit, zur Datenerfassung überzugehen. Sobald die Fragestellung definiert und die Messprioritäten festgelegt sind, ist es an der Zeit, zur Datenerhebung überzugehen. Bei der Organisation und Erfassung der Daten sind viele wichtige Punkte zu beachten, u. a.:

1. Bevor wir neue Daten sammeln, müssen wir festlegen, womit wir arbeiten müssen. Wir können einige der bestehenden Datenbanken und einige der uns zur Verfügung stehenden Quellen konsultieren. Wir müssen zuerst einige Daten sammeln, weil das einfach und leichter ist und viel Geld sparen kann. Wir können auch später auf andere Quellen zurückgreifen, wenn wir weitere Informationen benötigen.

2. Während dieses Prozesses müssen wir auch festlegen, welches Dateibenennungs- und Speichersystem wir verwenden wollen; dies wird die Zusammenarbeit der Teammitglieder erleichtern. Dieses Verfahren spart Zeit und verhindert, dass Ihre Teammitglieder Zeit und Geld damit verschwenden, dieselbe Art von Informationen mehr als einmal zu erfassen.

3. Wenn Sie Daten durch Interviews und Beobachtungen sammeln wollen, sollten Sie vorher eine Interviewvorlage erstellen. Dies wird Zeitersparnis und Kontinuität in diesem Prozess gewährleisten.

4. Schließlich müssen wir die von uns gesammelten Daten so gut wie möglich organisieren. Wir können mit einem Logbuch arbeiten, in dem wir die Daten der Sammlung vermerken und nach Wunsch Anmerkungen zu den Quellen hinzufügen. Sie sollten auch eine gewisse Standardisierung der Daten vornehmen, die Sie möglicherweise vorgenommen haben. Dies ist wichtig, weil es die Schlussfolgerungen, die Sie auf dem Weg dorthin ziehen, bestätigen wird.

Während dieses Prozesses müssen wir sicherstellen, dass wir uns mit einigen der Daten, mit denen wir arbeiten, befassen. Das bedeutet, dass wir sie organisieren, die Werte verwalten und mit Duplikaten umgehen müssen, bevor wir versuchen, einige der Analysen durchzuführen, die wir machen wollen.

Da Sie Daten aus verschiedenen Quellen erhalten und mit Daten arbeiten, die möglicherweise unvollständig und nicht perfekt sind, müssen wir hier vorsichtig sein. Es ist schwer zu sagen, ob die Daten perfekt sein werden oder ob Sie sie so verwenden können, wie Sie sie brauchen. Auch wenn die Informationen in einem falschen Format vorliegen oder einige Fehler oder fehlende Werte aufweisen, ist es für den Algorithmus schwierig zu arbeiten.

Stellen Sie zunächst sicher, dass die Daten das gleiche Format haben. Normalerweise ist es für uns am besten, alle Informationen zu prüfen und in eine standardisierte Datenbank zu stellen, die wir abfragen können. Wir können sie in unserem Speicherdienst verwenden und sicherstellen, dass alle Daten, die wir einbringen, in dieser Datenbank gespeichert werden und einsatzbereit sind.

Von dort aus können wir uns darauf konzentrieren, einige der in diesen Daten gefundenen Fehler zu beheben. Wir wollen sicherstellen, dass Ausreißer, fehlende Werte und Duplikate entfernt werden. In den meisten Fällen müssen Ausreißer ignoriert und entfernt werden. Wenn es mehrere sind und sie alle an der gleichen Stelle im Prozess landen, sollten Sie sie beobachten, um zu sehen, was vor sich geht oder ob es neue Informationen gibt, die Sie beachten sollten. Sie werden jedoch feststellen, dass es sich nicht lohnt und dass die meisten von ihnen entsorgt werden sollten.

Von dort aus werden wir uns die fehlenden Werte ansehen. Bei der Übernahme von Informationen aus der realen Welt kann es vorkommen, dass ein Wert in einem der Teile, mit denen Sie arbeiten, fehlt. Sie können sie entweder entfernen, wenn es nur wenige sind, oder diese fehlenden Werte durch den Durchschnitt der anderen Werte in dieser Spalte oder Zeile ersetzen. Es liegt an Ihnen zu entscheiden, was Sie mit diesen fehlenden Werten machen wollen, um sicherzustellen, dass Ihre Informationen so genau wie möglich sind.

Schließlich müssen wir uns mit einigen doppelten Werten im Datensatz befassen. Wenn es doppelte Werte in einigen der Daten gibt, werden wir feststellen, dass dies viele der Zahlen, die wir haben, und die Ergebnisse, die wir erhalten werden, verändern wird. Wir müssen uns also darum kümmern, damit wir die wahren Werte sehen können, die dort drin sind.

Hier können Sie herausfinden, wie viele Duplikate Sie behalten wollen und wie viele Sie während Ihrer Zeit loswerden wollen. Im Allgemeinen ist es am besten, sie so weit wie möglich zu begrenzen. Manchmal reduziert dies die Anzahl der Duplikate auf zwei, und manchmal bedeutet es nur, dass alle Einträge nur einmal vorhanden sind.

Kapitel 4. Bibliotheken

Heutzutage ziehen es viele Entwickler vor, Python für die Datenanalyse zu verwenden. Python wird nicht nur bei der Datenanalyse, sondern auch bei statistischen Verfahren eingesetzt. Datenwissenschaftler, vor allem Data Scientists, verwenden bei der Datenintegration ebenfalls bevorzugt Python. Das ist die Integration von Webb-Anwendungen und anderen Produktionen in die Umgebung.

Die Funktionen von Python haben Wissenschaftlern geholfen, es für das maschinelle Lernen zu nutzen. Einige dieser Qualitäten sind die Konsistenz der Syntax, die Flexibilität und die kürzere Entwicklungszeit. Sie kann auch ausgefeilte Modelle entwickeln und verfügt über Motoren, die bei Vorhersagen helfen können.

Im Folgenden finden Sie Beispiele für wichtige Bibliotheken, die in unserer Arbeit verwendet werden.

Scikit - Lernen

Scikit learn ist eine der besten und modernsten Bibliotheken für maschinelles Lernen. Es ist in der Lage, Lernalgorithmen zu unterstützen, insbesondere unüberwachte und überwachte Algorithmen.

Beispiele für Scikit learn sind die folgenden:

- K-Means,
- Entscheidungsbäume,
- Lineare und logistische Regression,
- Clustering.

Diese Art von Bibliothek enthält Kernkomponenten von NumPy und SciPy. Scikit lernt, dass es Sätze von Algorithmen hinzufügen kann, die für maschinelles Lernen und Data-Mining-Aufgaben nützlich sind. Das bedeutet, dass sie bei der Klassifizierung, beim Clustering und auch bei der Regressionsanalyse hilft. Darüber hinaus gibt es weitere Aufgaben, die diese Bibliothek effizient erfüllen kann.

Gute Beispiele sind Ensemble-Methoden, die Auswahl von Funktionen und vor allem die Datentransformation. Es ist gut zu verstehen, dass Experten es leicht anwenden können, da sie in der Lage sind, die komplexen und anspruchsvollen Teile der Algorithmen zu implementieren.

TensorFlow

Dabei handelt es sich um eine Form von Algorithmen, die tiefes Lernen beinhalten. Sie sind nicht immer notwendig, aber ein Vorteil dieser Algorithmen ist ihre Fähigkeit, die Ergebnisse zu korrigieren, wenn sie gut gemacht sind. Außerdem können Sie Ihre Daten auf einer CPU oder GPU ausführen. Das heißt, Sie können Daten in das Python-Programm schreiben, es kompilieren und dann auf Ihrem Zentralrechner ausführen. Dies erleichtert Ihnen die Durchführung Ihrer Analyse. Auch hier gilt, dass Sie diese Informationen nicht in C++ oder anstelle anderer Sprache wie CUDA geschrieben haben müssen.

TensorFlow verwendet Knoten, insbesondere mehrstufige Knoten. Die Knoten übernehmen verschiedene Aufgaben innerhalb des Systems, darunter die Nutzung von Netzen wie künstliche Neutralität, Training und auch die Erstellung einer großen Menge von Datensätzen. Mehrere Suchmaschinen, wie z. B. Google, stützen sich auf solche Bibliotheken. Eine der Hauptanwendungen ist die Objektidentifizierung. Auch hier hilft es bei verschiedenen Anwendungen im Zusammenhang mit der Spracherkennung.

Theano

Theano ist auch ein wichtiger Bestandteil der Python-Bibliothek. Seine wichtigsten Aufgaben sind die Unterstützung bei allen Aufgaben im Zusammenhang mit numerischen Berechnungen. Wir können es auch mit NumPy in Verbindung bringen. Es erfüllt weitere Funktionen, wie zum Beispiel:

- Definieren mathematischer Ausdrücke,
- Hilft bei der Optimierung von mathematischen Berechnungen,
- Fördert die Auswertung von Ausdrücken im Zusammenhang mit der numerischen Analyse.

Das Hauptziel von Theano ist es, effiziente Ergebnisse zu liefern. Sie ist eine schnellere Python-Bibliothek, da sie datenintensive Berechnungen bis zu 100-mal durchführen kann. Daher ist es gut zu wissen, dass Theano besser mit der GPU als mit der CPU eines Computers funktioniert. In den meisten Branchen verwenden der CEO und andere Mitarbeiter Theano für Deep Learning. Sie verwenden es auch zur Berechnung komplexer und anspruchsvoller Aufgaben. All dies wurde durch die hohe Verarbeitungsgeschwindigkeit möglich gemacht.

Aufgrund des Wachstums von Branchen mit hohem Bedarf an Datenberechnungstechniken entscheiden sich viele Menschen für die neueste Version dieser Bibliothek. Die neue Version von Theano, d.h. die Version 1.0.0, bietet verschiedene Verbesserungen, Änderungen an der Benutzeroberfläche und neue Funktionen.

Pandas

Pandas ist eine sehr beliebte Bibliothek, die dabei hilft, Datenstrukturen auf hohem Niveau und in hoher Qualität bereitzustellen. Die hier bereitgestellten Daten sind einfach und leicht zu verwenden. Auch hier ist es intuitiv. Es verfügt über mehrere ausgefeilte integrierte Methoden, die Aufgaben wie Clustering und zeitliche Analysen durchführen können. Ein weiteres Merkmal ist, dass es hilft, Daten zu kombinieren und auch Filteroptionen bietet. Pandas kann Daten aus anderen Quellen wie Excel, CSV und sogar SQL-Datenbanken sammeln. Es kann auch die gesammelten Daten verarbeiten, um seine operativen Funktionen in den Branchen zu erfüllen. Die Pandas-Bibliothek besteht aus zwei Strukturen, die es ihr ermöglichen, ihre Funktionen korrekt auszuführen. Dies sind die eindimensionalen Reihen und die zweidimensionalen Datenrahmen. Die Pandas-Bibliothek gilt als die stärkste und leistungsfähigste Python-Bibliothek, die es gibt. Seine Hauptaufgabe ist die Unterstützung bei der Datenverwaltung. Außerdem kann es eine Vielzahl von Daten exportieren oder importieren. Sie ist in verschiedenen Bereichen anwendbar, beispielsweise in der Datenwissenschaft.

Pandas ist in den folgenden Bereichen wirksam:
- Datenaufteilung,
- Zusammenführen von zwei oder mehr Datentypen,
- Aggregation von Daten,
- Datenauswahl oder Teilmenge ,
- Neugestaltung der Daten.

Diagrammatische Erklärungen

Dimension der Serie

A	7
B	8
C	9
D	3
E	6
F	9

Dimension der Datenrahmen

	A	B	C	D
*0	0	0	0	0
*1	7	8	9	3
*2	14	16	18	6
*3	21	24	27	9
*4	28	32	36	12
*5	35	40	45	15

Die Anwendung von Pandas in einer realen Situation ermöglicht es Ihnen, Folgendes zu tun:

- Sie können schnell einige Spalten löschen oder sogar einige Texte hinzufügen, die sich innerhalb des Datenrahmens befinden.
- Es wird Ihnen bei der Datenkonvertierung helfen.
- Pandas kann Ihnen bei der Wiederherstellung von verlorenen oder verlegten Daten helfen.
- Es hat eine große Kapazität, vor allem für die Gruppierung anderer Programme nach ihrer Funktionalität.

Seaborn

Seaborn gehört auch zu den beliebtesten Bibliotheken in der Kategorie Python. Ihr Hauptzweck besteht darin, die Visualisierung zu erleichtern. Es ist wichtig zu beachten, dass diese Bibliothek ihre Basis von Matplotlib entlehnt. Dank seines höheren Niveaus ist es in der Lage, eine Vielzahl von Grafiken zu erstellen, wie z. B. die Erstellung von Heatmaps, die Bearbeitung von Geigenplots und die Erstellung von Zeitreihenplots.

Diagrammatische Illustrationen

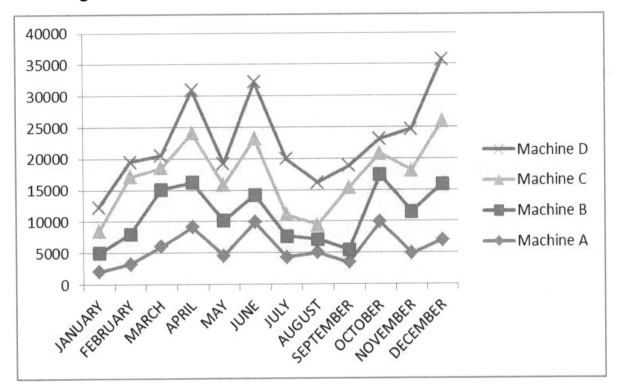

Das obige Liniendiagramm zeigt deutlich die Leistung der verschiedenen von dem Unternehmen eingesetzten Maschinen. Anhand des obigen Diagramms lässt sich ableiten, welche Maschinen das Unternehmen weiterhin einsetzen kann, um eine maximale Leistung zu erzielen. In den meisten Fällen können mit dieser Bewertungsmethode die genauen Kapazitäten der verschiedenen Eingänge mit Hilfe der Seaborn-Bibliothek vorhergesagt werden. Auch diese Informationen können bei der Anschaffung anderer Maschinen nützlich sein. Die Seaborn-Bibliothek ist auch in der Lage, die Leistung anderer Unternehmensvariablen zu ermitteln. So kann man zum Beispiel leicht die Anzahl der Arbeitnehmer im Unternehmen mit der entsprechenden Arbeitsrate ermitteln.

NumPy

Dies ist eine weit verbreitete Python-Bibliothek. Seine Funktionen ermöglichen die Verarbeitung von mehrdimensionalen Arrays. Es hilft auch bei der Verarbeitung der Matrix. Dies ist jedoch nur mit Hilfe einer großen Sammlung von mathematischen Funktionen möglich. Wir sollten beachten, dass diese Python-Bibliothek sehr nützlich ist, um die wichtigsten Berechnungen in der Wissenschaft zu lösen.
Darüber hinaus ist NumPy auch in der linearen Algebra, bei der Ableitung von Zufallszahlen, die in der Industrie verwendet werden, und bei der Fourier-Transformation einsetzbar. NumPy wird auch von anderen High-Level-Python-Bibliotheken wie TensorFlow zur Tensormanipulation verwendet. Kurz gesagt, NumPy ist in erster Linie für Berechnungen und Datenspeicherung gedacht. Es ist auch möglich, Daten in Python zu exportieren oder zu laden, da Python über die notwendigen Funktionen verfügt, um diese Aufgaben zu erfüllen. Es ist erwähnenswert, dass diese Python-Bibliothek auch als NumPy Python bekannt ist.

SciPy

Sie ist eine der am häufigsten verwendeten Bibliotheken in unserer Unternehmen. Es verfügt über mehrere Module, die im Bereich der Optimierung der Datenanalyse eingesetzt werden können. Sie spielt auch eine wichtige Rolle bei der Integration, der linearen Algebra und anderen Formen der mathematischen Statistik.

In vielen Fällen spielt sie eine Schlüsselrolle bei der Bildbearbeitung. Die Bildverwaltung ist ein weit verbreiteter Prozess in der täglichen Arbeit; Photoshop und viele andere sind Beispiele für SciPy. Dennoch bevorzugen viele Organisationen SciPy für ihre Bildverwaltung, insbesondere für die Präsentation. So kann beispielsweise eine Naturschutzorganisation eine Beschreibung einer Katze entwerfen und diese dann mit verschiedenen Farben bearbeiten, um sie ihrem Projekt anzupassen. Im Folgenden finden Sie ein Beispiel, das Ihnen helfen könnte, dies besser zu verstehen.

Das Bild wurde manipuliert:

Das ursprüngliche Eingabebild war eine Katze, die von der Wildtiergesellschaft aufgenommen wurde. Nachdem wir das Bild nach unseren Wünschen bearbeitet und in der Größe verändert haben, erhalten wir ein farbiges Bild einer Katze.

Koras

Es ist auch ein integraler Bestandteil der Python-Bibliothek, insbesondere im Bereich des maschinellen Lernens. Es gehört zur Gruppe der hochrangigen neuronalen Netze. Bezeichnenderweise kann Koras auf anderen Bibliotheken aufsetzen, insbesondere auf TensorFlow und auch Theano. Außerdem kann es ohne Unterbrechung und ohne Ausfälle laufen. Außerdem funktioniert es sowohl auf der GPU als auch auf der CPU am besten. Für die meisten Anfänger in der Python-Programmierung bietet Koras einen sicheren Weg zu ihrem endgültigen Verständnis. Sie werden in der Lage sein, das Netz zu entwerfen und sogar aufzubauen. Ihre Fähigkeit, Prototypen immer schneller zu erstellen, macht sie zur besten Python-Bibliothek für Studenten.

PyTorch

Dies ist eine weitere Art von zugänglicher, aber quelloffener Python-Bibliothek. Wie der Name schon sagt, ist das Unternehmen stolz darauf, eine breite Palette von Werkzeugen zu haben. Sie ist auch in Bereichen anwendbar, in denen wir über Computer Vision verfügen. Computer Vision und Visualisierung spielen in verschiedenen Forschungsbereichen eine wichtige Rolle. Auch hier hilft es bei der Verarbeitung natürlicher Sprache. Darüber hinaus kann PyTorch einige technische Aufgaben ausführen, die für Entwickler bestimmt sind. Dabei handelt es sich um umfangreiche Berechnungen und Datenanalysen mit Hilfe von Berechnungen. Es kann auch bei der Erstellung von Diagrammen helfen, die hauptsächlich für Berechnungen verwendet werden. Da es sich um eine quelloffene Python-Bibliothek handelt, kann sie mit anderen Bibliotheken wie Tensors zusammenarbeiten oder diese ergänzen. In Kombination mit GPU Tensors wird die Beschleunigung zunehmen.

Scrapy

Scrapy ist eine weitere Bibliothek, die zur Erstellung von Crawler-Programmen verwendet wird. Es befasst sich mit Spider-Bots und vielem mehr. Spider-Bots helfen oft beim Abrufen von Daten und bei der Bildung von URLs, die im Web verwendet werden. Von Anfang an ging es darum, bei der Datenauslese zu helfen. Diese hat jedoch mehrere Entwicklungen durchlaufen und zu einer Ausweitung ihres allgemeinen Zwecks geführt. Daher besteht die Hauptaufgabe der Scrappy-Bibliothek heute darin, als Allzweck-Crawler zu fungieren. Die Bibliothek hat zur Förderung der allgemeinen Nutzung, zur Einführung universeller Codes usw. beigetragen.

Statsmodels

Statsmodels ist eine Bibliothek für die Untersuchung von Daten mit Hilfe verschiedener statistischer Berechnungen und Datenaussagen. Es hat viele Funktionen, wie z. B. Ausgabestatistiken und auch Merkmale. Diese Funktion kann mit verschiedenen Modellen ausgeführt werden, wie z. B. mit der linearen Regression, mit multiplen Schätzern, mit Analysen von Zeitreihen und auch mit multiplen linearen Modellen. Darüber hinaus sind auch andere Modelle wie diskrete Wahlmodelle in diesem Fall anwendbar.

Kapitel 5. Prädiktive Analyse

Was ist prädiktive Analyse?

Ein Thema, das wir an dieser Stelle etwas näher beleuchten sollten, bevor wir uns damit beschäftigen, wie Deep Learning uns helfen kann, ist die prädiktive Analyse (engl. Predictive Analytics). Bei der prädiktiven Analyse werden Techniken des maschinellen Lernens, Daten und statistische Algorithmen eingesetzt, um die Wahrscheinlichkeit künftiger Ergebnisse auf der Grundlage von mehr historischen Daten zu ermitteln. Das Ziel besteht darin, über das hinauszugehen, was wir aus der Vergangenheit wissen, um die besten Vorhersagen und Einblicke in die Zukunft zu erhalten.

Obwohl die Idee der prädiktiven Analyse schon lange bekannt ist, findet diese Technologie nun viel mehr Beachtung. In einer Vielzahl von Branchen setzen viele Unternehmen auf prädiktive Analysen, um ihren Gewinn zu steigern und allen, die sie nutzen, einen Wettbewerbsvorteil zu verschaffen. Einige der Gründe, warum die prädiktive Analyse so sehr an Popularität gewinnt, sind:

1. Die verfügbaren Daten können dabei helfen. Das wachsende Datenvolumen und die zunehmenden Datentypen sind ein guter Ausgangspunkt. Und viele Unternehmen sind zunehmend daran interessiert, Daten zu nutzen, um auf diese Weise wichtige Erkenntnisse zu gewinnen.
2. Die Computer und Systeme, die für diese prädiktive Analyse benötigt werden, sind billiger und schneller als je zuvor.
3. Die Software zur Durchführung von prädiktiven Analysen ist einfacher zu bedienen.
4. Es gibt eine starke Konkurrenz, um die Unternehmen wieder an die Arbeit zu bringen. Angesichts der härteren Bedingungen in der Wirtschaft und des Wettbewerbs müssen die Unternehmen ihre eigenen Wege finden, um sich von der Konkurrenz abzuheben und besser zu sein als diese. Prädiktive Analyse kann ihnen dabei helfen.

Predictive Analyse ist mit all der interaktiven Software, die einfacher zu bedienen ist als je zuvor, sehr viel größer geworden. Sie ist nicht mehr nur die Beherrschung derjenigen, die Mathematik und Statistik studieren. Auch Wirtschaftsexperten und sogar Wirtschaftsanalytiker können diese Art von Technologie nutzen.

Bedenken Sie, dass sich dies ein wenig von deskriptiven Modellen unterscheidet, die uns helfen zu verstehen, was in der Vergangenheit passiert ist, oder von einigen der diagnostischen Modelle, die uns helfen, einige Schlüsselbeziehungen zu verstehen und zu bestimmen, warum wir sagen, dass eine bestimmte Situation in der Vergangenheit passiert ist. Ganze Bücher sind verschiedenen Techniken und Methoden gewidmet, die eher analytisch sind als andere. Es gibt sogar ganze Universitätslehrpläne, die sich eingehend mit diesem Thema befassen, aber wir können einen Blick auf einige der Grundlagen dieses Prozesses werfen und wie wir ihn für unsere eigenen Bedürfnisse nutzen können.

Es gibt zwei Arten von Prognosemodellen, die wir uns ansehen können. Dazu gehören Klassifizierungsmodelle und Regressionsmodelle. Zunächst einmal gibt es Klassifizierungsmodelle, die die Klassenzugehörigkeit vorhersagen. Sie können zum Beispiel an einem Projekt arbeiten, um herauszufinden, ob ein Mitarbeiter das Unternehmen wahrscheinlich verlassen wird, ob eine Person auf die Anfragen Ihres Unternehmens reagieren wird oder ob die Person einen guten oder schlechten Kredit hat, bevor Sie ihr Geld leihen.

Wir werden uns bei dieser Art von Modell an binäre Optionen halten, was bedeutet, dass die Ergebnisse entweder eine 0 oder eine 1 sein müssen. Die Ergebnisse des Modells werden diese Zahlen haben, und die 1 sagt uns, dass das angestrebte Ereignis wahrscheinlich eintreten wird. Dies kann eine gute Möglichkeit sein, um sicherzustellen, dass Sie sehen können, ob etwas wahrscheinlich passieren wird oder nicht.

Dann haben wir die Regressionsmodelle. Diese werden sich um die Vorhersage einer Zahl für uns kümmern. Ein gutes Beispiel hierfür wäre die Vorhersage, wie viel Umsatz ein Kunde im nächsten Jahr erzielen wird, oder wie viele Monate wir noch Zeit haben, bevor ein Teil unserer Ausrüstung an einer Maschine ausfällt, um es rechtzeitig zu ersetzen.

Es gibt viele verschiedene Techniken, mit denen wir bei der prädiktiven Modellierung arbeiten können. Die drei gängigsten Techniken, die in diese Kategorie der Vorhersagemodellierung fallen, sind Regression, Entscheidungsbäume und neuronale Netze. Schauen wir uns einige von ihnen an, um zu sehen, wie sie alle zusammen funktionieren können.

An erster Stelle der Liste steht ein Entscheidungsbaum. Dies ist ein Beispiel für ein Klassifizierungsmodell, das wir uns ansehen können. Dadurch werden die Daten, mit denen wir arbeiten wollen, aufgeteilt und in Teilmengen auf der Grundlage der Kategorien von Variablen, die wir als Eingabe verwenden, zusammengefasst. Ein Entscheidungsbaum sieht aus wie ein Baum, bei dem jeder Zweig eine der möglichen Entscheidungen darstellt. Richtig eingesetzt, kann es uns helfen, zu erkennen, wie wir jede Entscheidung im Vergleich zu den Alternativen treffen wollen. Jedes Blatt dieses Entscheidungsbaums stellt eine Entscheidung oder eine Klassifizierung des Problems dar.

Dieses Modell ist für die Arbeit nützlich, weil es die ihm vorgelegten Daten betrachtet und dann versucht, die eine einfache Variable zu finden, die die Daten aufteilen kann. Wir wollen sicherstellen, dass die Daten in logische Gruppen aufgeteilt werden, die so unterschiedlich wie möglich sind.

Der Entscheidungsbaum wird beliebt sein, weil er leicht zu interpretieren und zu verstehen ist. Er ist auch nützlich, wenn es darum geht, fehlende Werte zu verarbeiten, und eignet sich für ein vorläufiges Screening Ihrer Daten. Wenn Sie mit einem Datensatz arbeiten, in dem viele Werte fehlen, oder wenn Sie eine schnelle und einfache Antwort suchen, die Sie in kurzer Zeit interpretieren können, ist ein Entscheidungsbaum eine gute Methode.

Dann müssen wir zur Regression übergehen. Wir werden uns mit logistischer und linearer Regression beschäftigen. Die Regression ist eines der beliebtesten Modelle, mit denen gearbeitet wird. Mit der Regressionsanalyse wird die Beziehung zwischen den Variablen bewertet. Sie wird auch für kontinuierliche Daten entwickelt, bei denen davon ausgegangen wird, dass sie einer Normalverteilung folgen. Sie findet alle wichtigen Muster, die in den Datensätzen zu finden sind, und wird oft verwendet, um einige der spezifischen Faktoren zu bestimmen, die unsere geschäftlichen Fragen beantworten, wie z. B. den Preis, der die Bewegung eines Vermögenswertes beeinflussen kann.

Bei der Regressionsanalyse wollen wir sicherstellen, dass wir eine Zahl vorhersagen können, die wir als Antwort- oder Y-Variable bezeichnen. Bei einigen linearen Regressionen gibt es eine unabhängige Variable, die zur Erklärung oder Vorhersage des Ergebnisses Y beitragen kann. Die multiple Regression arbeitet dann mit zwei oder mehr unabhängigen Variablen, die uns helfen, das Ergebnis vorherzusagen.

Als nächstes können wir zur logistischen Regression übergehen. Daraus wird ersichtlich, dass die Unbekannte einer diskreten Variablen aus dem bekannten Wert einer der Variablen vorhergesagt wird. Die Antwortvariable wird eher kategorisch sein, d. h. sie kann im Vergleich zu den anderen Variablen nur eine begrenzte Anzahl von Werten annehmen.

Und schließlich gibt es noch die binäre logistische Regression. Dies wird eine Antwortvariable sein, die nur zwei Werte hat. Alle Ergebnisse werden entweder als 0 oder als 1 ausgegeben. Eine 0 bedeutet, dass das erwartete Ergebnis nicht eintreten wird. Und wenn wir eine 1 sehen, bedeutet das, dass unser erwartetes Ergebnis eintreten wird. Außerdem können wir, wie bereits erwähnt, auf neuronale Netze verzichten. Dies ist eine ausgefeiltere Technik, mit der wir arbeiten können und die komplexe Beziehungen modellieren kann. Sie sind aus vielen Gründen beliebt, aber einer der Hauptgründe ist, dass neuronale Netze sehr flexibel und leistungsstark sind.

Die Stärke des neuronalen Netzes liegt in seiner Fähigkeit, nichtlineare Beziehungen in den Daten zu verarbeiten, was mit zunehmender Datenerfassung immer häufiger der Fall sein wird. Häufig entscheiden sich Datenwissenschaftler für die Arbeit mit neuronalen Netzen, um die Ergebnisse zu bestätigen, die mit anderen Techniken wie Entscheidungsbäumen und Regression erzielt wurden.

Eine weitere Option sind künstliche neuronale Netze. Sie wurden ursprünglich von Forschern entwickelt, die versuchten, in einer Maschine das nachzuahmen, was wir im menschlichen Gehirn finden. Und als sie Erfolg hatten, bekamen wir viele Teile der modernen Technologie, die wir heute gerne benutzen.

Prädiktive Analysen sind für Ihr Unternehmen in vielerlei Hinsicht von Vorteil. Sie können sicherstellen, dass Sie einige der komplexesten Probleme, mit denen Ihr Unternehmen konfrontiert ist, in den Griff bekommen, und Ihnen einen Einblick in die Zukunft geben. Wenn Sie sich bei Ihren großen Geschäftsentscheidungen auf die Daten und Informationen stützen, die Sie mit Hilfe der prädiktiven Analyse gefunden haben, können Sie sich leichter von der Konkurrenz absetzen und einen Vorsprung erzielen.

Kapitel 6. Kombination von Bibliotheken

Die PyTorch-Bibliothek

Die nächste Bibliothek, die wir uns ansehen müssen, heißt PyTorch. Dies ist ein auf Python basierendes Paket, das für wissenschaftliche Berechnungen eingesetzt wird. Sie hängt von der Leistung ab, die sie von den Grafikprozessoren erhält. Diese Bibliothek wird auch eine der gebräuchlichsten und bevorzugten Deep-Learning-Plattformen für die Forschung sein, da sie uns die größte Flexibilität und Geschwindigkeit im Prozess bietet. Diese Bibliothek hat viele Vorteile. Sie ist dafür bekannt, dass sie unter allen anderen Deep-Learning-Bibliotheken zwei der hochwertigsten Funktionen bietet. Dazu gehören Tensorberechnungen zur Unterstützung einer starken GPU-Beschleunigung und der Aufbau tiefer neuronaler Netze auf einem bandbasierten Autogrid-System. Mit Python können viele verschiedene Bibliotheken bei der Arbeit mit künstlicher Intelligenz und Deep Learning-Projekten helfen. Die PyTorch-Bibliothek ist eine davon. Einer der Hauptgründe für den Erfolg dieser Bibliothek ist, dass sie vollständig pythonisch ist und einige der Muster, die Sie mit einem neuronalen Netz erstellen möchten, fast mühelos übernehmen kann. Es handelt sich um eine neuere Deep-Learning-Bibliothek, aber in diesem Bereich gibt es eine große Dynamik.

Die Anfänge von PyTorch

Obwohl PyTorch erst im Januar 2016 veröffentlicht wurde, hat es sich zu einer der beliebtesten Bibliotheken für Datenwissenschaftler entwickelt, vor allem weil es den Aufbau komplexer neuronaler Netze erleichtert. Dies ist ideal für viele Anfänger, die bisher noch nicht mit diesen neuronalen Netzen arbeiten konnten. Sie können mit PyTorch arbeiten und ihr eigenes Netzwerk schnell erstellen, auch wenn sie nur wenig Erfahrung im Programmieren haben.

Die Schöpfer dieser Python-Bibliothek haben sich gedacht, dass diese Bibliothek unverzichtbar ist, wenn man große numerische Berechnungen so schnell wie möglich durchführen will. Dies ist eine der idealen Methoden, die perfekt zu dem Programmierstil passt, den wir bei Python sehen. Zusammen mit der Python-Bibliothek ermöglicht diese Bibliothek Debuggern von neuronalen Netzen, Entwicklern von maschinellem Lernen und Wissenschaftlern des tiefen Lernens, Teile ihres Codes in Echtzeit auszuführen und zu testen. Das ist eine gute Nachricht, denn das bedeutet, dass diese Fachleute nicht mehr warten müssen, bis der gesamte Code fertiggestellt und ausgeführt ist, bevor sie prüfen können, ob er funktioniert oder ob sie bestimmte Teile korrigieren müssen.

Zusätzlich zu einigen der Funktionen, die in der PyTorch-Bibliothek enthalten sind, können Sie einige Funktionen durch Hinzufügen anderer Python-Pakete erweitern. Python-Pakete wie Cython, SciPy und NumPy funktionieren ebenfalls gut mit PyTorch. Trotz dieser Vorteile stellen sich vielleicht immer noch einige Fragen darüber, was die PyTorch-Bibliothek so besonders macht und warum wir sie für die Erstellung der für Deep Learning benötigten Modelle verwenden sollten. Die Antwort ist einfach: PyTorch ist eine dynamische Bibliothek.

Das bedeutet, dass die Bibliothek flexibel ist und Sie sie mit so vielen Anforderungen und Änderungen verwenden können, wie Sie es für richtig halten. Es ist so gut in dieser Aufgabe, dass es von Entwicklern künstlicher Intelligenz sowie von Studenten und Forschern in vielen Branchen eingesetzt wird. Bei einem Kaggle-Wettbewerb wurde diese Bibliothek sogar von den meisten Teilnehmern verwendet, die unter den ersten zehn landeten.

Obwohl es viele Vorteile gibt, die die PyTorch-Bibliothek mit sich bringt, sollten wir einige Aspekte hervorheben, die dazu führen, dass Fachleute aus verschiedenen Bereichen sie bevorzugen.

Gründe für die Verwendung von PyTorch bei der Datenanalyse

Jeder, der sich mit Datenwissenschaft, Informationsforschung, menschlichem Denken oder Deep Learning beschäftigt, hat wahrscheinlich schon einmal mit der TensorFlow-Bibliothek gearbeitet, die wir in diesem Handbuch besprochen haben. TensorFlow ist vielleicht die berühmteste Bibliothek von Google. Anhand des PyTorch Deep Learning-Systems können wir jedoch feststellen, dass diese Bibliothek eine Reihe neuer Probleme im Zusammenhang mit der Forschungsarbeit, die diese Experten zu lösen haben, lösen kann.

Es ist weithin anerkannt, dass PyTorch derzeit der größte Konkurrent von TensorFlow in Bezug auf die Informationsverarbeitung ist, und ist wirklich hervorragend und am beliebtesten für das menschliche Gehirn und Deep Learning-Bibliothek in Bezug auf die Prüfung Netzwerk.Es gibt zahlreiche Gründe für diesen Vorfall, von denen wir im Folgenden einige erörtern werden.

Zunächst einmal sind dynamische Rechendiagramme bei Analysten sehr beliebt. Diese Bibliothek wird einige der statischen Diagramme vermeiden, die in verschiedenen TensorFlow-Frameworks verwendet werden. Dies ermöglicht es Analytiker und Ingenieuren, die Art und Weise zu ändern, wie die Organisation letztendlich aufgebaut ist.

Viele Empfänger dieser Bibliothek werden sie mögen, weil diese Graphen im Gegensatz zu dem, was TensorFlow tun kann, intuitiver zu erstellen sind.

Der nächste Vorteil ist, dass dies mit einer alternativen Art von Wartungs-Backend einhergeht. PyTorch verwendet ein alternatives Backend, je nachdem, was es gerade tut. GPUs, CPUs und andere praktische Aspekte werden alle von einem alternativen Backend begleitet, anstatt sich auf nur ein Backend zu beschränken, um mit diesen Problemen fertid zu werden. Wir sehen zum Beispiel die THC für unseren Grafikprozessor und die TH für die CPU.

Die Möglichkeit, separate Backends zu verwenden, kann die Übertragung dieser Bibliothek über eine große Anzahl von obligatorischen Umgebungen hinweg erleichtern. Ein weiterer Vorteil der Arbeit mit dieser Art von Bibliothek ist der einfache Stil. Das bedeutet, dass es schwierig ist, mit dieser Bibliothek zu arbeiten, und dass sie sehr intuitiv ist. Wenn Sie eine Codezeile ausführen, wird sie auf ähnliche Weise ausgeführt, und Sie können mit einem kontinuierlichen Trace arbeiten. Dadurch kann der Entwickler die Leistung der neuronalen Organisationsmodelle überwachen. Als Ergebnis des unglaublichen Designs und der agilen und schnellen Methodologie konnten wir einige der verfügbaren Auswahlen, die wir mit dieser Bibliothek sehen, durch die Entwicklernetzwerke erweitern. Ein weiterer Vorteil, den wir bei der Arbeit mit PyTorch zu schätzen wissen, ist die Tatsache, dass es nicht schwer zu erweitern ist. Diese Bibliothek ist so aufgebaut, dass sie hervorragend mit C++-Code funktioniert. Es wird einen Hauch von Backend mit dieser Sprache teilen, wenn wir einen Versuch mit unserem Deep-Learning-System machen.

Pandas

Pandas wurde auf NumPy aufgebaut und ist für den gemeinsamen Einsatz konzipiert. Das macht es viel einfacher, Arrays aus Datenrahmen zu extrahieren. Sobald diese Matrizen extrahiert wurden, können sie in Datenrahmen umgewandelt werden.

Matrix-Operationen

Dazu gehören auch Matrixberechnungen, wie z. B. die Matrix-zu-Matrix-Multiplikation. Wir erstellen eine zweidimensionale Matrix.

Dies ist eine zweidimensionale Matrix aus Zahlen von 0 bis 24. Im Folgenden werden wir einen Vektor von Koeffizienten und eine Spalte angeben, die den Vektor und seine Umkehrung gruppieren wird.

Segmentierung und Indizierung

Die Indizierung ist ideal für die Anzeige des nd-Arrays, indem Anweisungen zur Anzeige des Teils der Spalten und Zeilen oder des Indexes gesendet werden.

Dies ist eine der wichtigsten Bibliotheken, mit denen wir im Allgemeinen arbeiten können, da sie praktisch alle Bereiche der Datenanalyse abdecken kann. Es gibt nichts in der Datenanalyse, wo uns die Pandas-Bibliothek nicht hilft. Pandas ist eines der Python-Pakete, die uns bei der Datenanalyse mit einer Vielzahl von Werkzeugen helfen können. Das Paket enthält eine große Anzahl verschiedener Datenstrukturen, die für die verschiedenen Aufgaben verwendet werden können, die wir für unsere Datenverarbeitung durchführen müssen. Sie enthält auch viele Methoden, die wir für die Analyse implementieren können, was nützlich ist, wenn wir bereit sind, an einigen unserer Projekte für maschinelles Lernen und Datenwissenschaft in dieser Sprache zu arbeiten.

Wie Sie sich vorstellen können, bietet die Arbeit mit der Pandas-Bibliothek mehrere Vorteile, vor allem im Vergleich zu einigen anderen verfügbaren Optionen. Zunächst werden unsere Daten präsentiert, um alle unsere Analysen über die verschiedenen Datenstrukturen zu verwalten, insbesondere über die Strukturen DataFrame und Series. Darüber hinaus werden wir feststellen, dass es sich um ein Paket handelt, das viele verschiedene und geeignete Methoden zum Filtern von Daten und mehr enthalten kann. Die Pandas-Bibliothek enthält viele Werkzeuge, die für die reibungslose Durchführung von Eingabe- und Ausgabeoperationen erforderlich sind. Egal, in welchem Format die Daten vorliegen, sei es CSV, MS Excel oder TSV, die Pandas-Bibliothek kann sie für uns verarbeiten.

Kapitel 7. Maschinelles Lernen und Datenanalyse

Was ist maschinelles Lernen?

Als erstes müssen wir uns die Grundlagen des maschinellen Lernens ansehen. Dies wird eine der Techniken sein, die wir bei der Datenanalyse einsetzen können, um einem Computer beizubringen, selbstständig zu lernen und zu reagieren, ohne dass der Programmierer eingreifen muss. Viele der Handlungen, für die wir das System trainieren, werden Handlungen ähneln, die für den Menschen bereits selbstverständlich sind, wie z. B. das Erfahrungslernen.

Die Algorithmen des maschinellen Lernens sind in der Lage, mit Hilfe von Berechnungsmethoden Informationen direkt aus Daten zu lernen, ohne sich auf eine vorgegebene Gleichung als Modell verlassen zu müssen. Die Algorithmen verbessern ihre Leistung mit zunehmender Anzahl der zum Lernen verwendeten Stichproben.

Es gibt viele Fälle, in denen wir maschinelles Lernen einsetzen können. Da immer mehr Big Data für alle Branchen zur Verfügung stehen, wird das maschinelle Lernen zu einer der wichtigsten Techniken, die zur Lösung zahlreicher Probleme in vielen Bereichen eingesetzt werden, darunter auch in den folgenden:

1. **Computergestütztes Finanzwesen**: Dazu gehören algorithmischer Handel, Kreditwürdigkeitsprüfung und Betrugserkennung.
2. **Computer Vision und andere Teile der Bildverarbeitung:** Diese können in verschiedenen Bereichen wie Objekterkennung, Bewegungserkennung und Gesichtserkennung eingesetzt werden.
3. **Computergestützte Biologie:** Sie wird in vielen verschiedenen Bereichen eingesetzt, z. B. bei der DNA-Sequenzierung, der Arzneimittelentdeckung und der Krebserkennung.
4. **Energieerzeugung:** Dies kann bei verschiedenen Maßnahmen helfen, z. B. bei der Vorhersage des Energiebedarfs und der Preisentwicklung.
5. **Optionen für das verarbeitende Gewerbe, die Luft- und Raumfahrt und die Automobilindustrie:** Es wird ein großartiges technisches Hilfsmittel für die Arbeit an vielen Teilen sein, einschließlich der vorbeugenden Wartung.
6. **Verarbeitung natürlicher Sprache:** So können wir maschinelles Lernen zur Unterstützung von Spracherkennungsanwendungen einsetzen.

Das maschinelle Lernen und die von ihm gesteuerten Algorithmen funktionieren, indem sie natürliche Muster in den Daten finden, die genutzt werden können, sogar in einer Weise, die uns hilft, einige Vorhersagen zu treffen und bessere Entscheidungen in der Zukunft zu treffen. Unternehmen und viele verschiedene Firmen nutzen sie täglich, um viele wichtige Entscheidungen zu treffen.

Medizinische Zentren können sie zum Beispiel zur Unterstützung bei der Diagnose von Patienten nutzen. Und wir werden feststellen, dass sich viele Medienseiten auf das maschinelle Lernen durch Millionen von Optionen verlassen werden, um den Nutzern Empfehlungen zu geben. Einzelhändler können sie nutzen, um das Kaufverhalten ihrer Kunden zu verstehen.

Es gibt viele Gründe, warum Ihr Unternehmen den Einsatz von maschinellem Lernen in Betracht ziehen sollte. Sie werden es zum Beispiel nützlich finden, wenn Sie mit einem komplexen oder mit einer großen Datenmenge und vielen Variablen arbeiten. Es gibt beispielsweise einige Vorteile, die wir berücksichtigen müssen, wenn wir mit maschinellem Lernen arbeiten wollen. Diese sind:

1. Gleichungen und Regeln, die handschriftlich und zu komplex sind, um zu funktionieren. Dies könnte einige Optionen wie Sprach- und Gesichtserkennung beinhalten.
2. Wenn sich die Regeln ständig ändern, gilt dies für die Aufdeckung von Betrug anhand der großen Anzahl von Transaktionsdatensätzen, die gemacht werden.
3. Wenn man feststellt, dass sich die Art der Daten ständig ändert, muss das Programm in der Lage sein, sich an die Entwicklung anzupassen. Dies zeigt sich z. B. bei der Vorhersage von Einkaufstrends, der Vorhersage des Energiebedarfs und sogar beim automatisierten Handel.

Wie Sie sehen, gibt es viele verschiedene Möglichkeiten des maschinellen Lernens, und jede Branche wird davon profitieren, wenn sie damit arbeitet und es an ihre eigenen Bedürfnisse anpasst. Maschinelles Lernen ist eine komplexe Sache, aber wir können es mit Python machen, um dabei erstaunliche Ergebnisse zu erzielen und sicherstellen, dass unsere Datenanalyse so funktioniert, wie wir es erwarten.

Entscheidungsbäume und Random Forest

Entscheidungsbäume sind Algorithmen, die versuchen, Objekte zu klassifizieren, indem sie Fragen zu ihren Merkmalen identifizieren, die dabei helfen, zu entscheiden, welche Klasse am besten geeignet ist, um sie einzuordnen. Jeder Knoten im Baum ist eine Frage, wobei die Zweige zu anderen Fragen über die Gegenstände führen und die Blätter die endgültigen Klassifizierungen darstellen.

Die Verwendung von Entscheidungsbäumen kann die Schaffung von Wissensmanagement-Plattformen für den Kundenservice, die Preisprognose und die Produktplanung umfassen.

„Eine Versicherungsagentur könnte einen Entscheidungsbaum verwenden, wenn sie Daten über die Art der Schutzelemente und Änderungen auf der Grundlage der potenziellen Gefahr benötigt", sagt Ray Johnson, leitender Informationsforscher bei der Unternehmensinnovations- und Beratungsfirma SPR. Anhand der Informationen über das Gebiet, die mit den wetterbedingten Schäden überlagert werden, können Sie Gefahrenklassen auf der Grundlage der entstandenen Schäden und der Gesamtkosten festlegen. „Sie wird dann die neuen Zaunmodelle mit den Modellen vergleichen, um eine Gefahrenkñasse und eine mögliche finanzielle Auswirkung zu ermitteln", sagte der Beamte.

Random Forests; ein Entscheidungsbaum muss vorbereitet werden, um genaue Ergebnisse zu liefern. Bei der Berechnung von Random Forests werden viele unregelmäßige Auswahlbäume verwendet, die ihre Entscheidungen auf verschiedene Attributanordnungen stützen, und es wird eine Abstimmung über die konsistenteste Anwendung durchgeführt.

„Random Forests sind einfache und flexible Werkzeuge zur Identifizierung von Datensatzverbindungen und lassen sich schnell trainieren", sagt Epstein. Unerwünschte Massensendungen beispielsweise sind seit langem ein Problem, nicht nur für die Nutzer, sondern auch für die Anbieter von Internetdiensten, die die zunehmende Belastung der Server bewältigen müssen. „Als Reaktion auf dieses Problem wurden automatisierte Methoden entwickelt, um Spam aus E-Mails herauszufiltern, wobei Random Forests verwendet werden, um unerwünschte E-Mails schnell und genau zu identifizieren", sagte er.

Zu den weiteren Verwendungszwecken von Random Forests gehören die Identifizierung einer Krankheit durch die Analyse von Patientenakten, die Aufdeckung von Bankbetrug, die Vorhersage des Anrufvolumens von Call-Centern und die Vorhersage des Gewinns oder Verlusts aus dem Kauf einer bestimmten Aktie.

SciKit-Learn

Dies ist ein grundlegendes Werkzeug für die Datengewinnung und -analyse. Es handelt sich um ein Open-Source-Tool mit BSD-Lizenz. Dieses Werkzeug kann in verschiedenen Kontexten konsultiert oder wiederverwendet werden. SciKit wurde auf der Grundlage von NumPy, Matplotlib und SciPy entwickelt. Das Werkzeug wird für Klassifizierung, Regression, Clustering und Spam-Verarbeitung, Bilderkennung, Aktienkurse, Arzneimittelreaktionen, Kundensegmentierung usw. verwendet. Das Tool ermöglicht auch die Modellauswahl, Dimensionalitätsreduktion und Vorverarbeitung.

Lineare Regression

Das Wort "Linearität" in der Algebra impliziert eine lineare Verbindung zwischen zwei oder mehr Variablen. Wir erhalten eine konservative Linie, wenn wir diese Verbindung in einem zweidimensionalen Raum (zwischen zwei Variablen) zeichnen.

Die lineare Regression hat die Aufgabe, einen Index der abhängigen Variablen (y) aus einer gegebenen unabhängigen Variablen (x) vorherzusagen. Diese Regressionsmethode findet also einen linearen Zusammenhang zwischen x (Input) und y (Output). Deshalb nennt man sie auch lineare Regression. Angenommen, die abhängigen und unabhängigen Variablen (y und x) werden auf ihrer Achse aufgetragen. In diesem Fall ergibt die lineare Regression eine konventionelle Linie, die zu den Daten passt, wie die folgende Abbildung zeigt. Als Nächstes erkennen wir, dass die Gleichung einer konventionellen Linie wesentlich ist.

Die Gleichung der konventionellen Linie lautet:

$Y = mx + b$

Dabei ist b die Anzeige und m ist der Hügel der Linie. Der lineare Regressionsalgorithmus liefert uns also im Wesentlichen die signifikanteste ideale Rate für die Anzeige und den Hügel (in zwei Größenordnungen). Obwohl die Variablen x und sie (b, m) das Ergebnis produzieren, sind sie die Datenstrukturen und können nicht verändert werden. Die Zahlen, die wir ändern können, sind die Anzeige (b) und der Hügel (m). Je nach den Zahlen in der Anzeige und den Zahlen in dem Hügel kann es zahlreiche konventionelle Linien geben. Im Wesentlichen sorgt der lineare Regressionsalgorithmus dafür, dass zahlreiche Linien an die Datenpunkte angepasst werden, und erzeugt die Linie, die den kleinsten Fehler ergibt.

Diese ähnliche Idee kann auf Fälle ausgedehnt werden, in denen es zusätzliche Variablen gibt. Dies wird als zahlreiche lineare Regressionen bezeichnet. Stellen Sie sich zum Beispiel eine Situation vor, in der Sie den Preis eines Hauses auf der Grundlage seiner Größe, der Anzahl der Zimmer, des üblichen Einkommens der Bewohner der Gegend, des Alters des Hauses usw. schätzen müssen. In dieser Situation hängt die abhängige Variable (Zielvariable) von zahlreichen unabhängigen Variablen ab. Ein Regressionsmodell, das zahlreiche Variablen umfasst, kann wie folgt dargestellt werden:

$y = b0 + m1b1 + m2b2 + m3b3 + ...$ mean

Dies ist der Vergleich einer Hyperebene. Es sei daran erinnert, dass ein lineares Regressionsmodell in zwei Größenordnungen eine Gerade ist; in drei Größenordnungen ist es eine Ebene und in weiteren Größenordnungen eine Hyperebene.

Support-Vektor-Maschinen (SVM)

Ein Algorithmus für maschinelles Lernen, der sowohl für Regressions- als auch für Klassifizierungsaufgaben eingesetzt werden kann, ist die Support Vector Machine. Sie wird jedoch häufig bei Klassifizierungskomplikationen verwendet. Bei diesem Algorithmus wird jede Dateneingabe als Punkt in einem n-dimensionalen Raum konzipiert (wobei n die Anzahl der Strukturen angibt), wobei die Rate jedes Merkmals die Rate einer Koordinate ist. Anschließend wird die Klassifizierung abgeschlossen, indem die Hyperebene gefunden wird, die die beiden Klassen sehr gut voneinander unterscheidet.

K-means Clustering

Die Verfassungswahlen 2000 und 2004 in den Vereinigten Staaten waren knapp. Der höchste Prozentsatz, den ein Kandidat bei einer allgemeinen Wahl erhielt, lag bei 50,7 %, der niedrigste bei 47,9 %. Hätte ein Teil der Wählerschaft die Seite gewechselt, wäre das Ergebnis anders ausgefallen. Es gibt kleine Gruppen von Wählern, die, wenn sie richtig aufgefordert werden, die Seite wechseln. Diese Gruppen sind vielleicht nicht riesig, aber sie könnten groß genug sein, um das Ergebnis in solch engen Wettbewerben zu verändern. Wie findet man diese Gruppen von Einzelpersonen? Wie kann man sie mit einem unzureichenden Budget anziehen? Zu diesem Zweck können Sie Clustering oder Gruppierung einsetzen.

Wir wollen erkennen, wie es gemacht wird.

- Zunächst werden Daten über Einzelpersonen gesammelt, mit oder ohne deren Zustimmung: jede Art von Daten, die einen groben Hinweis darauf geben können, was für sie wichtig ist und was ihre Wahl beeinflussen wird.
- Diese Daten werden dann in einen Clustering-Algorithmus eingespeist.
- Dann verfassen Sie für jede Gruppe (es wäre sehr klug, zuerst die Hauptgruppe auszuwählen) einen Brief, um diese Wähler anzusprechen.
- Schließlich versenden Sie die Kampagne und messen, ob sie erfolgreich ist.

Clustering ist eine Kategorie des unüberwachten Lernens, die routinemäßig Cluster aus vergleichbaren Gruppen bildet. Es ist wie eine unfreiwillige Klassifizierung. Man kann fast alles gruppieren oder „cluster", und je vergleichbarer die Objekte im Cluster sind, desto besser sind die Cluster.

Kapitel 8. Anwendungen

Bevor wir dieses Handbuch abschließen, müssen wir noch einen Blick auf einige Anwendungen werfen, die uns helfen werden, die Vorteile der Informationsforschung zu nutzen. Es gibt so viele Möglichkeiten, wie diese Informationsforschung eingesetzt werden kann, und wenn wir alles zusammennehmen, werden wir immer wieder großartige Ergebnisse sehen. Bereiche wie die Welt des Geldes, die Sicherheit, die Verkaufsförderung, die Werbung und die medizinischen Dienste sind weitgehend Bereiche, die von dieser Informationsforschung profitieren werden, und im Laufe der Zeit werden wir immer mehr dieser Anwendungen sehen. Einige andere Möglichkeiten, wie wir mit Informationsforschung arbeiten und gute Ergebnisse erzielen können, sind:

Sicherheit

Einige Städte auf der ganzen Welt führen eine prädiktive Untersuchung durch, um vorhersagen zu können, in welchen Bereichen der Stadt ein größeres Hochwasser auftreten und welche Schäden es verursachen wird. Dies wird mit Hilfe einiger Informationen aus einer früheren Zeit und sogar Informationen über die geologischen Merkmale des Gebiets bestimmt.

Dies ist etwas, das einige städtische Gebiete in Amerika, darunter auch die Stadt Chicago, bereits nutzen konnten. Obwohl wir sehen, dass es schwierig ist, damit jede Straftat im Freien aufzudecken, werden die Informationen es der Polizei erleichtern, an den Orten und zu den Zeiten präsent zu sein, an denen sie benötigt wird, um die Kriminalitätsrate in diesen Gegenden zu senken. Darüber hinaus werden Sie später feststellen, dass diese Art der Nutzung von Informationsforschung in großen städtischen Gemeinden dazu beigetragen hat, diese Gemeinden und diese Orte deutlich sicherer zu machen. Dies würde die Gefährdung stärker als in der Vergangenheit verringern.

Transport

Das Verkehrssystem kann auch durch Informationsforschung besser funktionieren. Vor einigen Jahren, als wir die Olympischen Spiele in London planten, mussten wir mehr als 18 Millionen Besuche von Fans in der Stadt London bewältigen. Das war etwas, das wir richtig machen mussten.

Wie ist dieser Kompromiss zustande gekommen? Die Zugmanager und TFL-Manager arbeiteten mit Informationsforschung, um sicherzustellen, dass jeder dieser Besucher sich so einfach wie möglich fortbewegen konnte. Sie hatten die Möglichkeit, sich über die Veranstaltung zu informieren und diese dann als Grundlage für die Schätzung der Besucherzahlen zu nutzen. Diese Regelung war so gut, dass sowohl die Öffentlichkeit als auch die Athleten sich jederzeit problemlos zwischen den verschiedenen Veranstaltungsorten bewegen konnten.

Gefahren und Aufdeckung von Betrug

Dies war eine der frühesten Formen der Informationsforschung und wurde häufig in der Buchhaltung verwendet. Viele Finanzunternehmen hatten viele Probleme zu lösen und waren bereit, in dieser Hinsicht einige Verbesserungen vorzunehmen. Da sie jedes Mal, wenn der Kunde Geld leihen wollte, die gesammelten Informationen im Auge behielten, konnten sie damit arbeiten und so nicht so viel Geld verlieren.

Dies hat es den Banken und anderen Geldinstituten ermöglicht, einige der Profilinformationen über diese Kunden zu sammeln, die sie verwenden könnten. Sobald die Bank oder Geldstiftung die Kunden, mit denen sie zusammenarbeitet, die in letzter Zeit entstandenen Kosten und einige andere Daten, die für diese Agenturen von Bedeutung sind, besser kennenlernt, kann sie besser entscheiden, wem sie einen Kredit gewährt, wodurch die Risiken erheblich verringert werden. Dies motiviert sie dazu, ihren Kunden bessere Bedingungen zu bieten.

Dies hilft den Finanzinstituten nicht nur dabei, die Vorschüsse ordnungsgemäß an die Kunden zu verteilen, sondern kann auch dazu beitragen, das Risiko von Erpressungen zu verringern. Dies kann die Bank jedes Jahr Milliarden von Dollar kosten und erschwert ihre Tätigkeit. Wenn die Bank die Gesamtheit der ihr zur Verfügung stehenden Informationen nutzen kann, um gefälschte Transaktionen zu erkennen und es für ihre Kunden einfacher zu machen, Geld auf ihrem Konto zu behalten, würde dies sicherstellen, dass kein Geld mehr verloren geht.

Koordinierung der Lieferungen

Es gibt keine Hindernisse dafür, was wir mit unseren Informationsforschung tun können, und wir werden feststellen, dass sie im Hinblick auf Koordination und Transport hervorragend funktionieren. Einige Organisationen konzentrieren sich auf die Koordination, darunter UPS, FedEx und DHL. Sie werden die Informationen nutzen, um die Effizienz ihrer Aufgaben zu verbessern.

Die Nutzung von Informationen ist für diese Organisationen von Vorteil, da sie damit die besten und produktivsten Routen für den Versand von Lieferungen ermitteln können, wodurch sichergestellt wird, dass die Pakete rechtzeitig befördert werden, was den Service erheblich verbessert. Dadurch werden die Kosten minimiert und die Lieferzeiten verkürzt. Darüber hinaus können die Daten, die Organisationen über ihr GPS sammeln können, weitere Türen für die Nutzung von Datenwissenschaft und Informationsforschung öffnen.

Interaktionen mit Kunden

Viele Organisationen arbeiten mit Umfragen, um die Kommunikation mit ihren Kunden zu verbessern. Unternehmen können viele Dinge in Bezug auf ihre Kunden tun, oft mit Hilfe von Kundenrezensionen. Viele Versicherungsagenturen nutzen es zum Beispiel, indem sie Kundenfeedback weitergeben, nachdem sie ihren Makler kontaktiert haben. Die Versicherungsagentur ist darauf vorbereitet, zu wissen, welche ihrer Produkte gut angenommen werden, welche den Kunden gefallen und welche aktualisiert werden müssen.

Es gibt viele sozioökonomische Aspekte, mit denen ein Unternehmen arbeiten kann. Es ist denkbar, dass diese verschiedene Arten der Korrespondenz erfordern, darunter E-Mail, Telefon, Websites und persönliche Kommunikation. Durch die Einbeziehung der sozioökonomischen Gegebenheiten ihrer Kunden in die Untersuchung wird sichergestellt, dass die Versicherungsagenturen diesen Kunden geeignete Produkte anbieten können. Das hängt zu 100 % von der Erfahrung des Unternehmens und dem Verhalten der Kunden ab.

Stadtplanung

Einer der schwerwiegenden Fehler, der vielerorts gemacht wurde, ist, dass die Forschung, insbesondere die Medien, über die wir in diesem Handbuch sprechen, nicht in der Stadtplanung eingesetzt wird. Das Internet und die Werbung werden verstärkt genutzt. Dies wird zu einer Reihe von Problemen bei der Kontrolle der Informationen führen, die sich aus dem Bau von Strukturen und Räumen in der Stadt ergeben.

Gut gemachte Modelle werden dazu beitragen, die Verwaltungen der Städte und Gemeinden zu verbessern und gleichzeitig die Gefahr einer Überlastung der Stadt zu vermeiden. Dies trägt dazu bei, ein gewisses Maß an Effizienz in dem Sinne zu gewährleisten, dass jeder im Rahmen des Zumutbaren seine Tätigkeit effizient ausüben kann, ohne der Stadt Schaden zuzufügen.

Wir sehen oft Strukturen, die nicht an den richtigen Stellen platziert sind, oder Organisationen, die dorthin verlegt werden, wo sie nichts zu suchen haben. Wie oft haben Sie schon eine Struktur gesehen, die an einem Ort stand, der vernünftig und nützlich zu sein schien, die aber an verschiedenen Stellen in ihrer Umgebung eine große Last an negativen Auswirkungen hatte? Der Grund dafür ist, dass diese potenziellen Probleme während des Planungszeitraums nicht bedacht wurden. Die Nutzung der Informationsforschung und einige Demonstrationen vereinfachen die Dinge, weil wir erkennen, was passieren könnte, wenn wir das Gebäude an einem Ort errichten, den wir für gut halten.

Gesundheitspflege

Die Gesundheitsbranche hatte die Möglichkeit, zahlreiche Vorteile der Informationsforschung zu erkennen. Es gibt jedoch zahlreiche Techniken. Betrachten wir eine der Hauptschwierigkeiten, mit denen Notfallkliniken konfrontiert sind. Außerdem müssen sie sich auf den Kostendruck einstellen, wenn sie eine Behandlung benötigen; dennoch können viele Patienten von den Ärzten eine hervorragende Behandlung erwarten. Dies führt dazu, dass Fachleute und andere Mitarbeiter gelegentlich mit ihrer Arbeit in Verzug geraten.

Die Informationen, die wir hier nutzen können, haben sich stark verbessert und ermöglichen es, die Behandlung der Patienten zu verfolgen. Es ist auch eine gute Möglichkeit, den Patientenfluss und die Nutzung der Notfallausrüstung der Klinik zu verfolgen. Das ist so unglaublich, dass man davon ausgeht, dass die Nutzung dieser Informationsforschung zu einer Produktivitätssteigerung von 1 % führen und mehr als 63 Milliarden Dollar in die globale Gesundheitsverwaltung einbringen könnte. Überlegen Sie, was das für Sie und Ihr Umfeld bedeuten könnte.

Die Fachärzte werden die Informationsforschung nutzen, um sich auf einen Bereich zu konzentrieren, in dem sie ihren Patienten besser helfen können. Sie können damit die Entwicklungen ihrer Patienten sinnvoll und produktiv analysieren und nachvollziehen. Auf diese Weise können die Fachleute ihren Kunden einen hervorragenden Service und eine bessere Rücksichtnahme bieten und gleichzeitig sicherstellen, dass sie den Überblick über ihre Arbeit behalten.

Reisen

Die Informationsforschung und einige ihrer Anwendungen sind eine hervorragende Methode, um das Einkaufserlebnis der Reisenden zu verbessern. Dies kann auf verschiedene Weise ermittelt werden, z. B. durch die Suche nach Informationen aus tragbaren Quellen, Websites oder webbasierten Medien. Die Erklärung dafür ist, dass der Geschmack und die Vorlieben der Kunden aus diesen Quellen gewonnen werden können, was die Unternehmen dazu veranlasst, ihre Artikel als Aufmerksamkeit für die Nutzung der Website zu verkaufen, einschließlich aller Angebote, die zur Veränderung der Einkaufsgewohnheiten beitragen. Sie können dies nutzen, um modifizierte Pakete und Angebote anzubieten. Die von der Forschung verwendeten Informationen können auch dazu beitragen, personalisierte Reisevorschläge zu unterbreiten. Sie basiert regelmäßig auf dem Ergebnis, das die Organisation durch ihre Informationen in den Online-Medien erzielen kann.

Computer-Werbung

Abgesehen davon, dass sie bei der Durchsicht von Informationen helfen kann, gibt es noch einen weiteren Bereich, in dem wir bei einer genauen Informationsforschung behilflich sein können, und das ist die computergesteuerte Werbung. Von einem Teil der „Banner", die mancherorts zu finden sind, bis hin zu den fortschrittlichen Werbeanzeigen, die Sie vielleicht in größeren, städtischen Gemeinden zu sehen gewohnt sind, werden diese von nun an von unseren Informationsberechnungen kontrolliert.

Kapitel 9. Datenvisualisierung und -analyse mit Python

Big Data

Der Begriff "Informationsflut" bezieht sich auf eine ständig überschwemmende Flut von organisierten und unstrukturierten Informationen und eine unendliche Anzahl von Informationsquellen. Diese Informationsindizes sind zu umfangreich, als dass sie mit herkömmlichen wissenschaftlichen Apparaten aufgeschlüsselt werden könnten, und Fortschritt enthält viel wichtiges verborgenes Wissen.

Im Gegensatz zu Big Data

- **Volumen:** Um als Big Data bezeichnet zu werden, muss der Umfang des gegebenen Informationsindexes deutlich größer sein als bei herkömmlichen Informationsindizes. Diese Informationsindizes setzen sich im Wesentlichen aus unstrukturierten Informationen mit begrenzten, organisierten und halborganisierten Informationen zusammen. Unstrukturierte oder unklare Informationen können aus Eingabequellen (engl. Input sources) gesammelt werden, z.B. Seiten, Suchhistorie, vielseitige Anwendungen und webbasierte Multimedia-Phasen. Die Größe der Organisation und des Kundenstamms entspricht in der Regel dem Umfang der Informationen, die die Organisation sammelt.
- **Geschwindigkeit:** die Geschwindigkeit, mit der Informationen gesammelt und verfolgt werden können, von der ersten bis zur Geschwindigkeit der Big Data. Unternehmen nutzen zunehmend eine Mischung aus vernunftbasierten und cloudbasierten Arbeitsmitteln, um ihre Informationssammlung zu beschleunigen. Die "glänzenden Produkte und Geräte" von heute erfordern einen ständigen Zugriff auf Kundeninformationen, um ein noch ansprechenderes und besseres Kundenerlebnis zu bieten.
- **Sortiment:** Traditionell enthält ein Informationsindex einen Großteil an organisierten Informationen mit einem geringen Anteil an unstrukturierten und halborganisierten Informationen. Big Data hat zur Entstehung neuer Arten von unstrukturierten Informationen geführt, wie z. B. Video, Text und Ton, die komplexe Werkzeuge und Innovationen erfordern, um diese Art von Informationen zu bereinigen und zu verwalten, und um wichtige Erfahrungen zu gewinnen.
- **Wahrhaftigkeit:** Ein weiteres "V", das bei einer umfassenden Informationsforschung berücksichtigt werden muss, ist die Wahrhaftigkeit. Dies bezieht sich auf die "Zuverlässigkeit oder Qualität" der Informationen. So können beispielsweise webbasierte Medienphasen wie "Facebook" und "Twitter" mit Websites und Beiträgen, die Hashtags, Abkürzungen und eine Vielzahl von Satzfehlern enthalten, die Qualität und Genauigkeit von Informationsindizes stark beeinträchtigen.
- **Wert:** Daten werden als Geld mit innerem Wert weiterentwickelt. Wie bei herkömmlichen Finanz- und Geldformen entspricht eine endgültige Einschätzung der Big Data dem daraus gewonnenen Verständnis.

"Die Bedeutung von Big Data liegt nicht darin, wie viele Informationen man hat, sondern wie man sie verwaltet. Sie können Informationen aus jeder beliebigen Quelle erhalten und sie studieren, um die Antworten zu finden, die es Ihnen ermöglichen, 1) Kosten zu senken, 2) Zeit zu sparen, 3) mit neuen Artikeln und aktualisierten Inputs voranzukommen und 4) intelligente Impulse zu geben".

SAS

Wie Big Data funktioniert. Es gibt drei Hauptaktivitäten, die erforderlich sind, um Fachwissen aus Big Data zu gewinnen:

- **Koordinierung:** Herkömmliche Strategien für den Informationsabgleich, z. B. ETL (Extrahieren, Transformieren und Laden), sind nicht in der Lage, Informationen aus einer Vielzahl von externen Quellen und Anwendungen zu sammeln, die den Kern von Big Data bilden. Es werden fortschrittliche

Werkzeuge und Innovationen benötigt, um Big Data Indizes aufzuschlüsseln, die wesentlich größer sind als herkömmliche Informationssammlungen. Durch die Einbeziehung der Big Data aus diesen Quellen können Unternehmen wichtige Erkenntnisse für das Wachstum und den Erhalt ihrer Organisation gewinnen.

- **Manager:** Big Data kann als "die Verknüpfung, Organisation und Verwaltung großer Mengen an organisierten und unstrukturierten Informationen" bezeichnet werden. Big Data erfordert eine effiziente und bescheidene Kapazität, die durch den Einsatz von Mitarbeitern vor Ort, Cloud-basierten Mitarbeitern oder einer Mischung aus beidem verbessert werden kann. Unternehmen können von jedem Ort der Welt aus nahtlos auf die erforderlichen Informationen zugreifen und diese dann je nach Situation mit den erforderlichen Bereitschaftssystemen verwalten. Ziel ist es, sicherzustellen, dass die Art der Informationen relevant ist und von den erforderlichen Geräten und Anwendungen effizient abgerufen werden kann. Big Data wird aus einer Vielzahl von Datenquellen gesammelt, darunter Online-Medienspuren, Web-Index-Verläufe und Anrufprotokolle. Big Data enthält oft riesige Mengen unstrukturierter und halborganisierter Informationen, die in einer Vielzahl von Organisationen gespeichert sind.

  Um diese chaotischen Informationen messen und speichern zu können, benötigen Organisationen eine eindrucksvollere und fortschrittlichere Dashboard-Programmierung, die über die üblichen Sozialdatensätze und Informationshub-Phasen hinausgeht. Im Rahmen dieser Bemühungen müssen die Organisationen entscheiden, welche Informationen für Verwaltungs- und Konsistenzzwecke gesichert werden sollten, welche Informationen für künftige wissenschaftliche Zwecke aufbewahrt werden sollten und welche Informationen keine Zukunft haben und verworfen werden können. Dieser Zyklus wird als "Informationscharakterisierung" bezeichnet, die eine schnelle und kompetente Untersuchung einer Teilmenge von Informationen ermöglicht, die für den schnellen dynamischen Zyklus der Organisation in Erinnerung bleiben sollen.

- **Forschung:** Sobald die große Datenmengen (Big Data) gesammelt und effektiv erschlossen sind, können sie mit Hilfe fortschrittlicher logischer Geräte und Innovationen analysiert werden. Diese Forschung wird wichtige Erkenntnisse und aussagekräftige Daten liefern. Big Data können untersucht werden, um mit Hilfe von Computational Reasoning und KI-Berechnungen Enthüllungen zu machen und Informationsmodelle zu erstellen.

Analyse großer Datenmengen

Große Datenmengen und erweiterte Informationsforschung werden regelmäßig gegenseitig verwendet, weil sie die intrinsische Motivation von großen Datenmengen aufschlüsseln. „Big-Data-Forschung" kann als eine Reihe von subjektiven und quantitativen Strategien charakterisiert werden, mit denen eine große Menge an unstrukturierten, organisierten und halborganisierten Informationen untersucht werden kann, um Beispiele für Informationen und wichtige Teile des verborgenen Wissens zu finden. Große Informationsforschung ist die Big-Data-Untersuchung, um Messungen, wichtige Ausführungsmarker und Datenabweichungen zu sammeln, die in der Flut von Rohdaten verloren gehen können, unter Verwendung von KI-Berechnungen und aufschlussreichen mechanischen Methoden. Zu den verschiedenen Fortschritten, die in der „Big-Data-Forschung" gemacht wurden, gehören:

- **Datenbedarf bei sozialen Anlässen:** Es ist entscheidend zu verstehen, welche Daten oder Informationen gesammelt werden müssen, um den Zweck und die Ziele des Unternehmens zu erfüllen. Die Verknüpfung von Informationen ist auch für eine kompetente und genaue Informationsforschung von grundlegender Bedeutung. Ein Teil der Klassifizierungen, in die Informationen koordiniert werden können, sind Geschlecht, Alter, sozioökonomischer Status, Region, Identität und Gehalt. Es ist auch notwendig, die Art der benötigten Informationen (subjektiv und quantitativ) und die Schätzungen der Informationen (mathematisch oder alphanumerisch) zu wählen, die für die Untersuchung verwendet werden sollen.

- **Datenerhebung:** Rohdaten können aus einzelnen Quellen gesammelt werden, z. B. aus webbasierten Medien, Computern, Kameras, anderen Programmieranwendungen, Websites von Unternehmen und auch von externen Informationsanbietern. Die Forschung in großen Informationsmengen erfordert in der Regel meist großer unstrukturierten Datenmengen mit einem begrenzten Anteil an organisierten und halborganisierten Informationen.
- **Verknüpfung und Organisation von Informationen:** Je nach Struktur der Organisation sollte es möglich sein, Daten in einer speziellen Excel-Buchhaltungsseite oder durch den Einsatz und die Verwaltung geeigneter Geräte und Anwendungen für die Verarbeitung von Sachinformationen zu verknüpfen. Die Informationen sollten entsprechend dem erhobenen Informationsbedarf koordiniert und organisiert werden, wobei die Forderung nach vollständiger Information zu berücksichtigen ist.
- **Datenbereinigung:** Es ist wichtig, die umfassende Datenerhebung ordnungsgemäß und schnell durchzuführen, um sicherzustellen, dass der Datenindex frei von Überschüssen und Fehlern ist. Nur ein vollständiger Datenindex erfüllt die Anforderungen an die Daten, die am ehesten in die abschließende Erhebungsphase aufgenommen werden können. Die Vorverarbeitung der Informationen ist notwendig, um die große Menge an Informationen aufzuschlüsseln und die Ressourcen der Organisation effizient zu nutzen.
- **Untersuchung der Informationen:** Je nachdem dem Verständnis, das für die Durchführung der Forschung erforderlich ist, kann eine der vier einzigartigen Arten von großen Informationsforschungsansätzen gewählt werden:

1. **Prädiktive Forschung:** Diese Art von Forschung wird durchgeführt, um Zahlen und Erwartungen für die vorbereitenden Maßnahmen der Organisation zu ermitteln. Durch die Durchführung einer prädiktiven Untersuchung der umfangreichen Informationen der Organisation kann der zukünftige Zustand der Organisation vorweggenommen und genauer aus dem aktuellen Zustand der Organisation abgeleitet werden. Diese Forschung inspiriert Unternehmensleiter dazu, sicherzustellen, dass die täglichen Aktivitäten des Unternehmens ihrer Zukunftsvision folgen. Um beispielsweise fortschrittliche wissenschaftliche Geräte und Anwendungen an die Geschäftsabteilung einer Organisation zu senden, muss zunächst die primäre Informationsquelle entwickelt werden. Sobald die Quellen akzeptiert sind, muss die Art und Anzahl der Korrespondenzkanäle für die Unternehmensgruppe aufgeschlüsselt werden. Anschließend werden KI-Berechnungen zu Kundeninformationen verwendet, um Informationen über die Beziehung des aktuellen Kundenstamms zu den Artikeln oder Verwaltungen des Unternehmens zu erhalten. Diese prädiktive Forschung wird mit der Entwicklung von Instrumenten enden, die auf menschlichem Denken basieren, um das Geschäft der Organisation zu steigern.

2. **Präskriptive Forschung:** Die Analyse wird hauptsächlich durch die Konzentration auf die Geschäftsregeln und Vorschläge zur Schaffung eines bestimmten und aufschlussreichen Weges abgeschlossen, der von den Geschäftsrichtlinien empfohlen wird, um die Ausführung der Organisation zu unterstützen. Diese Untersuchung zielt darauf ab, die Feinheiten der verschiedenen Zweige des Verbandes und die Schritte zu verstehen, die die Organisation unternehmen sollte, um in der Lage zu sein, Wissen aus den Informationen ihrer Kunden zu sammeln, indem sie eine bestimmte empfohlene Form verwendet. Dies ermöglicht es der Organisation, die Besonderheit und Kompaktheit des Bereichs zu verstehen und das große Ausmaß der aktuellen und zukünftigen Informationsforschung zu verdeutlichen. Die Analyse großer Datenmengen (Big Data Analysis) kann mit einem oder mehreren der unten aufgeführten Tools durchgeführt werden:
- **Hadoop:** Open Source Data Framework,.
- **Python:** Eine Programmiersprache, die häufig für maschinelles Lernen verwendet wird,
- **SAS:** Fortgeschrittenes Analysewerkzeug, das hauptsächlich für Big Data Analysis verwendet wird,
- **Framework:** Ein auf künstlicher Intelligenz basierendes Tool, das hauptsächlich zur Datenvisualisierung verwendet wird,
- **SQL:** Die Programmiersprache, die zur Extraktion von Daten aus relationalen Datenbanken verwendet wird,
- **Splunk:** Analysewerkzeug zur Klassifizierung von maschinell erzielten Daten,
- **R-Programmierung:** Programmiersprache, die hauptsächlich für statistische Berechnungen verwendet wird.

Kapitel 10. Datenwissenschaft

Datenwissenschaft und ihre Bedeutung

Die Datenwissenschaft (engl. Data Science) hat in den letzten Jahren große Fortschritte gemacht und ist ein wichtiger Faktor für das Verständnis der Funktionsweise von Unternehmen. Im Folgenden finden Sie einige Erklärungen, die zeigen, dass die Datenwissenschaft auch in Zukunft ein fester Bestandteil des globalen Marktes sein wird.

- Mit Hilfe von Data Science werden Unternehmen in der Lage sein, ihre Kunden besser und effektiver zu verstehen. Zufriedene Kunden sind Teil der Struktur eines jeden Unternehmens und spielen eine wichtige Rolle für dessen Erfolg oder Misserfolg. Data Science ermöglicht es Unternehmen, besser mit ihren Kunden in Kontakt zu treten und die Qualität und Robustheit ihrer Produkte zu verbessern.
- Data Science ermöglicht es Marken, Bilder auf innovative Weise zu kommunizieren und zu nutzen. Dies ist einer der Gründe, warum sie so bekannt ist. Wenn Unternehmen und Organisationen diese Informationen nutzen, können sie ihre Interaktion mit der Öffentlichkeit verbessern und bessere Beziehungen zu den Menschen aufbauen.
- Eines der wichtigsten Merkmale der Datenwissenschaft ist vielleicht, dass ihre Erkenntnisse in der Praxis auf eine Vielzahl von Aktivitäten angewendet werden können, z. B. im Reise-, Gesundheits- und Bildungswesen. Unternehmen können ihre Probleme mit Hilfe von Data Science schnell angehen und auch effektiv lösen.
- Heutzutage ist die Informationswissenschaft in praktisch jeder Organisation vertreten, und es gibt eine große Datenmenge, die auf der Erde verfügbar sind. Wenn sie ausreichend genutzt wird, kann sie bei jeder Aufgabe zum Erfolg führen. Wenn Informationen richtig genutzt werden, sind sie wichtig, um die Ziele der Organisation zu erreichen.
- Big Data nimmt ständig zu und entwickelt sich weiter. Big Data ermöglicht es dem Unternehmen, die komplizierten Fragen der Unternehmens-, Personal- und Kapitalverwaltung angemessen zu behandeln und die verschiedenen Ressourcen, die sich regelmäßig ansammeln, schnell zu nutzen.
- Data Science nimmt in allen Bereichen einen herausragenden Platz ein und spielt daher eine wichtige Rolle bei der Arbeit und der Ausführung jeder Arbeit. Dies erleichtert die Arbeit des Informationsforschers, da er/sie über eine grundlegende Fähigkeit verfügt, Informationen zu kontrollieren und Antworten auf bestimmte Fragen zu geben.
- Die Computerinnovation hat auch die Geschäftsbereiche beeinflusst. Um diese Gabe zu erreichen, müssen wir ein Modell wählen, bei dem die etablierten Menschen eine besondere Beziehung zu den Händlern in der Nachbarschaft haben. Auf diese Weise könnte der Händler die Bedürfnisse der Kunden individuell bedienen. Heute ist diese Überlegung jedoch aufgrund der Entwicklung und des Wachstums von Handelsketten verloren gegangen. In jedem Fall können die Einzelhändler mit Hilfe informativer Beratung mit ihren Kunden ins Gespräch kommen.
- Data Science hilft Unternehmen, diese Partnerschaft mit dem Kunden aufzubauen. Unternehmen und ihre Produkte werden in der Lage sein, mit Hilfe der Datenwissenschaft ein besseres und tieferes Verständnis dafür zu entwickeln, wie Kunden ihre Angebote nutzen können.

Die Zukunft der Informationstechnologie

Mit der Weiterentwicklung verschiedener Bereiche nimmt die Bedeutung der Innovation in der Informationstechnologie allmählich zu. Die Informationswissenschaft hat verschiedene Bereiche beeinflusst. Die Auswirkungen sind in vielen Bereichen zu spüren, z. B. im Einzelhandel, bei medizinischen Dienstleistungen und im Bildungswesen. Im Allgemeinen werden ständig neue Medikamente und Fortschritte im Gesundheitswesen entwickelt, und es besteht die Notwendigkeit, den Patienten eine qualitativ hochwertige Versorgung zu bieten. Der Gesundheitssektor kann die Techniken der Informationswissenschaft nutzen, um eine Antwort zu finden und die Patientenversorgung sicherzustellen. Die Bildung ist ein weiterer Bereich, in dem die positive Seite der Informationswissenschaft deutlich sichtbar ist. Heute sind neue Entwicklungen wie Telefone und Tablets zu einem wichtigen Bestandteil des Bildungssystems geworden. Außerdem finden die Schüler mit Hilfe der Informationswissenschaft mehr wichtige Möglichkeiten, was ihr Verständnis erhöht.

Informationsstrukturen

Eine Informationsstruktur kann bei der Programmierung eines Personalcomputers ausgewählt werden, oder sie kann zur Speicherung von Informationen für die Arbeit mit verschiedenen Berechnungen verwendet werden. Jede andere Informationsstruktur umfasst Informationen, Informationsverbindungen und Fähigkeiten zwischen Informationen, die auf Informationen und Daten angewendet werden können.

Eigenschaften der Informationsstrukturen

Hier wie dort werden die Informationsstrukturen nach ihren Eigenschaften klassifiziert. Mögliche Fähigkeiten sind:

- **Linear oder nicht-linear:** Dieses Merkmal kennzeichnet die Koordination von Informationsobjekten in einer sequentiellen Anordnung, ähnlich einer Treppe, oder einer ungeordneten Gruppierung, ähnlich einer Tabelle.
- **Homogen oder inhomogen:** Dieses Merkmal besagt, dass alle Informationsobjekte in einem Sortiment ähnlich oder von unterschiedlicher Art sind.
- **Statisch oder dynamisch:** Diese Methode entscheidet über die Darstellung zur Erfassung der Informationsstrukturen. Statische Informationsstrukturen haben feste Größen, Strukturen und Ziele im Speicher zum Zeitpunkt der Aggregation. Dynamische Informationstypen haben Größen, Instrumente und Ziele im Speicher, die je nach Anwendung rückgängig gemacht oder erweitert werden können.

Arten von Informationsstrukturen

Die Art der Informationsstrukturen hängt von der Art der durchzuführenden Aufgaben oder der Art der durchzuführenden Berechnungen ab. Dazu gehören:

- **Cluster:** Ein Display speichert eine Reihe von Speicherelementen in unmittelbarer Nähe. Segmente mit einer ähnlichen Klassifizierung werden zusammen platziert, da die Position der einzelnen Komponenten leicht zu bestimmen oder zu erreichen ist. Displays können eine feste Größe haben oder über lange Zeiträume hinweg angepasst werden.
- **Stapel:** Ein Stapel (engl. Stack) enthält eine Sammlung von Elementen, die in direkten Anfragen zu Aufgaben hinzugefügt werden. Dieser Antrag kann nach dem Prinzip "last-in, first-out" (LIFO) oder "first-in, first-out" (FIFO) gestellt werden.
- **Reihen:** Eine Reihe speichert eine Anzahl von Komponenten, ähnlich wie ein Stapel; allerdings muss die Bewegungsfolge die erste sein, die den Stapel verlässt.
  Verknüpfte Datensätze: In einer expliziten Abfrage speichert eine verknüpfte Liste eine Auswahl von Elementen. In einer verknüpften Zusammenfassung enthält jede Einheit oder jedes Werk Informationen nur als perspektivische Quelle oder als Link zum nächsten Bestandteil der Zusammenfassung.
- **Bäume:** Ein Baum speichert ein theoretisches und progressives Sortiment von Dingen. Jeder Kern ist mit mehreren Kernen verknüpft und kann einige Unterwerte, auch Kinder genannt, haben.
- **Diagramme**: Ein Graph speichert eine Gruppierung von Dingen, die nicht rückwärts ausgeführt werden dürfen. Graphen bestehen aus einer begrenzten Anordnung von Würfeln, auch Scheitelpunkte genannt, und zugehörigen Linien, auch Kanten genannt. Sie sind wertvoll für die Abbildung von Aktionen, wie z. B. organisierte PCs.
- **Atrien:** Atrien oder Abfragebäume sind in der Regel eine Informationsstruktur, die Zeichenketten als Informationsmengen speichert, die in einem visuellen Graphen aufgezeichnet werden können.
- **Hashtabelle:** Eine Hashtabelle (engl. Hash table) oder ein Hash-Graph ist in einer sozialen Leiter enthalten, die die Schlüssel der Faktoren markiert. Eine Hash-Tabelle verwendet eine Hash-Berechnung, um eine Datei in mehrere Medien zu konvertieren, die die idealen Informationen enthalten. Diese Informationsrahmen werden als komplex bezeichnet, weil sie große Mengen zusammenhängender Informationen enthalten können. Beispiele für Basis- oder Kerninformationsrahmen sind Zahlen, Verschiebungen (engl. Glide), boolesche Werte (engl. Boolean) und Zeichen.

Verwendung von Informationsstrukturen

Informationsstrukturen werden üblicherweise verwendet, um verschiedene Arten von Informationen zu konkreten Strukturen zusammenzufassen. Diese kann auf verschiedene Weise entschlüsselt werden, z. B. durch einen parallelen Baum, der eine grundlegende Informationstabelle anzeigt. Informationsstrukturen werden in der dialektischen Programmierung (engl. Programming Dialects) verwendet, um Code und Daten in Computerspeichern zu koordinieren. Die Informationsdatenbanken von Python und die Wortreferenzen oder Cluster und Elemente von JavaScript sind bekannte Codierungsstrukturen, die zum Sammeln und Prüfen von Informationen verwendet werden. Informationsstrukturen sind ebenfalls ein unverzichtbarer Bestandteil eines klaren Programmplanungsplans. Die Sichtbarkeit von Datenrahmen ist wichtig für den Umgang mit großen Informationsmengen, die z. B. in Bibliotheken erfolgreich gespeichert werden, oder für Klassifizierungsverwaltungen.

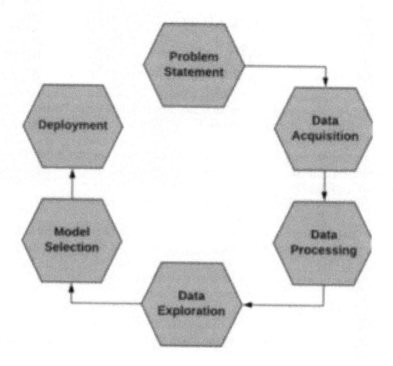

Die genaue Gestaltung von Führungsinformationen erfordert die Identifizierung der Teile des Gedächtnisses, der Informationsverbindungen und der Informationsmaßnahmen, die die Informationsstrukturen unterstützen. Darüber hinaus ist es wichtig, Informationsstrukturen zu verwenden und für jede Aufgabe die richtige Informationsstruktur zu wählen.

Die Wahl der falschen Informationsstruktur kann zu schlechten Ausführungszeiten oder verwirrendem Code führen.

Zu den Überlegungen, die bei der Wahl einer Informationsstruktur angestellt werden müssen, gehören die Art der zu verarbeitenden Daten, der Ort, an dem neue Informationen platziert werden sollen, die Art der Koordinierung der Informationen und der zuzuweisende Speicherplatz.

Wie wichtig ist die Verwendung von Python für Data Science?

- **Effizient und einfach zu bedienen:** Python gilt als Werkzeug für Studenten, und jeder Student oder Analytiker mit Grundkenntnissen kann damit arbeiten. Der Zeit- und Kostenaufwand für die Lösung des Codes und die Anforderungen an die verschiedenen ausführbaren Aufgaben sind ebenfalls begrenzt. Der ideale Zeitrahmen für die Codeausführung ist kleiner als in anderen Programmiersprachen wie C, Java und C#, so dass es offensichtlich ist, dass Designer und Programmierer mehr Energie in ihre Berechnungen investieren müssen.
- **Bibliotheksauswahl:** Python bietet eine riesige Bibliothek und Informationsbasis für KI und Computational Reasoning.

- **Skalierbarkeit:** Es bietet Anpassungsfähigkeit an Probleme, die von anderen Skripten nicht erfasst werden können. Viele Organisationen nutzen es, um ein breites Spektrum an schnellen Methoden und Rahmenwerken zu entwickeln.
- **Visuelle und grafische Statistik:** Python bietet eine Reihe von nützlichen Werkzeugen.

Anwendung der Datenwissenschaft in Python

- **Erster Schritt:** Zunächst müssen wir lernen und verstehen, wie die Datenstruktur aussieht. Wenn wir uns die Daten als eine riesige Excel-Tabelle mit Abschnitten und Lakhs von Krähen vorstellen, dann möchten Sie vielleicht eine Lösung dafür implementieren. Sie müssen die Daten in jeder Zeile sammeln, z. B. in einem Abschnitt, in dem Sie eine Aufgabe ausführen und nach einer bestimmten Art von Informationen suchen. Diese Art von Berechnungen kann zeit- und arbeitsintensiv sein. Daher können Sie Python-Bibliotheken wie Pandas und NumPy verwenden, um Aufgaben, die ähnliche Berechnungen erfordern, schnell zu erledigen.
- **Zweiter Schritt:** Die nächste Hürde besteht darin, die erforderlichen Informationen zu beschaffen. Da uns die Informationen nicht zur Verfügung stehen, müssen wir sie von der betreffenden Organisation herunterladen. Hier können wir die Python-Bibliotheken Scrap und Splendido Soup verwenden, um Informationen aus dem Web abzurufen.
- **Die dritte Phase:** In dieser Phase geht es um die Rekonstruktion oder visuelle Einführung der Informationen. Die Ausrichtung der Ansichten wird problematisch, wenn sich zu viele Zahlen auf der Tafel befinden. Die richtige Methode dafür ist, über die Informationen in der Struktur von Grafiken, Diagrammen und verschiedenen Layouts zu sprechen. Hierfür werden die Python-Bibliotheken Seaborn und Matplotlib verwendet.
- **Vierter Schritt:** Der nächste Schritt ist die KI, die ein sehr unscharfes Register ist. Es enthält numerische Werkzeuge, z.B. Wahrscheinlichkeitsrechnung, Analyse und Rahmenaufgaben für Abschnitte und Linien, die größer als hunderttausend sind. Mit der KI-Bibliothek Scikit-Learn von Python wird all dies einfach und leistungsstark.

Kapitel 11. Data Science und die Cloud

Data Science ist eine Mischung aus vielen Konzepten. Um Datenwissenschaftler zu werden, ist es wichtig, einige Programmierkenntnisse zu besitzen. Auch wenn Sie nicht alle Programmierkonzepte im Zusammenhang mit der Infrastruktur kennen, sind die Grundlagen der Informatik unerlässlich.

Sie müssen die beiden gängigsten und am weitesten verbreiteten Programmiersprachen, nämlich R und Python, auf Ihrem Computer installieren. Da die fortschrittliche Analytik weiter wächst, breitet die Datenwissenschaft ihre Flügel in verschiedene Richtungen aus. Dies erfordert kollaborative Lösungen, wie z. B. prädiktive Analysen und Empfehlungssysteme. Zu den kollaborativen Lösungen gehören Suchwerkzeuge und in die Versionskontrolle integrierte Notizbücher.

Auch die Datenwissenschaft ist mit der Cloud verbunden. Die Daten werden auch in der Cloud gespeichert. In dieser Lektion lernen Sie also einige Fakten über „Daten in der Wolke". Lassen Sie uns also verstehen, was die Cloud bedeutet, wie Daten gespeichert werden und wie sie funktioniert.

Die Wolke

Die Cloud kann als ein globales Netz von Servern beschrieben werden, von denen jeder mehrere einzigartige Funktionen hat. Um die Cloud zu studieren, muss man Netzwerke verstehen. Netze können einfache oder komplexe Gruppierungen von Informationen oder Daten sein.

Netzwerk

Wie oben beschrieben, können Netze aus einem einzelnen oder einer kleinen Gruppe von angeschlossenen Computern oder aus großen Gruppen von Computern bestehen. Das größte Netz wird wahrscheinlich das Internet sein. Bei kleineren Gruppen kann es sich um lokale Heimnetzwerke, wie z. B. Wi-Fi, und lokale Netzwerke handeln, die auf bestimmte Computer oder Standorte beschränkt sind. Es gibt gemeinsam genutzte Netzwerke wie Medien, Websites, Anwendungsserver, Datenspeicher (engl. Data Storage), Drucker (engl. Printer) und Scanner. Netze haben Knotenpunkte, wobei ein Computer als Knotenpunkt bezeichnet wird. Die Kommunikation zwischen diesen Rechnern wird über Protokolle hergestellt. Protokolle sind die für einen Computer festgelegten Zwischenregeln. Protokolle wie HTTP, TCP und IP sind weit verbreitet. Alle Informationen sind im Computer gespeichert, aber es ist schwierig, die Informationen jedes Mal im Computer nachzuschlagen. Diese Informationen werden in der Regel in einem Datenzentrum oder Rechenzentrum (engl. Data Centre) gespeichert. Das Rechenzentrum ist so konzipiert, dass es mit Sicherheit und Datenschutz ausgestattet ist. Da die Kosten für Computer und Speicher beträchtlich gesunken sind, entscheiden sich immer mehr Unternehmen für den Einsatz mehrerer Computer, die zusammenarbeiten, um zu expandieren.Dies unterscheidet sich von anderen Verkleinerungslösungen, wie z. B. dem Kauf anderer Computerausrüstung. Dies dient dazu, die Arbeit in Gang zu halten. Selbst wenn ein Computer ausfällt, funktioniert der andere noch. Es ist auch notwendig, einige Anwendungen in der Cloud zu erweitern. Einige Computeranwendungen wie YouTube, Netflix und Facebook erfordern eine gewisse Skalierbarkeit. Bei dieser Art von Anwendungen kommt es nur selten zu Ausfällen, da sie ihre Systeme in der Cloud installiert haben. In der Cloud gibt es einen Netzwerk-Cluster, in dem viele Computer mit denselben Netzwerken verbunden sind und ähnliche Aufgaben erfüllen. Es kann als eine einzige Informationsquelle oder ein einziger Computer bezeichnet werden, der alles verwaltet, um Leistung, Skalierbarkeit und Verfügbarkeit zu verbessern.

Datenwissenschaft in der Cloud

Der gesamte Data-Science-Prozess findet auf dem lokalen Computer statt, d. h. auf einem Computer oder Laptop, der dem Datenwissenschaftler zur Verfügung gestellt wird. Die Programmiersprachen und einige andere Voraussetzungen werden auf dem Computer oder Laptop installiert. Sie können gängige Programmiersprachen und einige Algorithmen umfassen. Der Datenwissenschaftler muss dann je nach Projekt die entsprechenden Software- und Entwicklungspakete installieren. Entwicklungspakete können mit Treibern wie Anaconda oder ähnlichem installiert werden. Sie können auch manuell installiert werden. Sobald Sie die Entwicklungsumgebung installiert und betreten haben, beginnt der erste Schritt, d.h. der Arbeitsablauf, bei dem Ihr Partner nur die Daten sind. Es ist nicht zwingend erforderlich, die Data-Science- oder Big-Data-Aufgaben auf verschiedenen Entwicklungsmaschinen auszuführen. Prüfen Sie die Gründe dafür:

1. Die für die Durchführung der Aufgaben in der Entwicklungsumgebung erforderliche Verarbeitungszeit scheitert an der mangelnden Rechenleistung.
2. Prüfen Sie auf große Datensätze, die nicht im Systemspeicher der Entwicklungsumgebung untergebracht werden können.
3. Die Produkte müssen in einer Produktionsumgebung abgestimmt und als ein großer Bestandteil der Anwendung integriert werden.
4. Eine schnelle und leistungsstarke Maschine wird empfohlen.

Datenwissenschaftler haben viele Möglichkeiten, diese Art von Problem zu lösen: Sie verwenden lokale Maschinen oder virtuelle Maschinen in der Cloud. Die Verwendung virtueller Maschinen und die automatische Skalierung von Clustern (engl. Auto-scaling clusters) hat viele Vorteile, wie z. B. die Möglichkeit, bei Bedarf jederzeit nach oben oder unten skalieren zu können. Virtuelle Maschinen passen sich an Ihren Bedarf an Rechenleistung und Speicherkapazität an. Die Verteilung von Informationen in einer Produktionsumgebung, die eine Big Data-Pipeline durchlaufen sollen, kann einige Herausforderungen mit sich bringen. Der Datenwissenschaftler muss diese Herausforderungen verstehen und analysieren. Dies lässt sich verstehen, wenn man eine Vorstellung von Software-Architekturen und Qualitätsmerkmalen hat.

Softwarearchitektur und Qualitätsmerkmale

Softwarearchitekten entwickeln ein cloudbasiertes Softwaresystem. Bei diesen Systemen kann es sich um ein Produkt oder eine Dienstleistung handeln, die von dem Computersystem abhängt. Bei der Erstellung der Software besteht die Hauptaufgabe darin, die richtige Programmiersprache für die Programmierung zu wählen. Der Zweck des Systems kann in Frage gestellt werden; er muss daher berücksichtigt werden. Die Entwicklung und die Arbeit mit der Softwarearchitektur muss von einer hochqualifizierten Person durchgeführt werden. Die meisten Unternehmen haben damit begonnen, effiziente und zuverlässige Cloud-Umgebungen mit Hilfe von Cloud Computing zu schaffen. Diese Cloud-Umgebungen sind über mehrere Server, Speicher- und Netzwerkressourcen verteilt. Ihr Einsatz ist wegen der geringeren Kosten und der hohen Investitionsrentabilität (engl. High ROI) weit verbreitet.

Der Hauptvorteil für Datenwissenschaftler oder ihre Teams besteht darin, dass sie den Big Cloud-Bereich nutzen können, um mehr Daten zu untersuchen und wichtige Anwendungsfälle zu entwickeln. Sie können eine Funktion einführen und sie in der nächsten Sekunde testen, um festzustellen, ob sie einen Mehrwert bringt oder ob sie sich nicht lohnt. Alle diese Sofortmaßnahmen werden durch Cloud Computing ermöglicht.

Gemeinsame Nutzung von Big Data in der Cloud

Big Data spielt auch im Zusammenhang mit der Cloud eine wichtige Rolle, da es die Überwachung und Analyse von Daten erleichtert. Sobald dies der Fall ist, schafft Big Data einen großen Wert für die Nutzer.

Traditionell wurden die Daten mit Drähten verarbeitet. Mit dieser Technologie war es für das Personal schwierig, Informationen auszutauschen. Die üblichen Probleme waren die Übermittlung großer Datenmengen und die Zusammenarbeit untereinander. Dies ist die Zeit, in der das Cloud Computing begann, sich in der Welt des Wettbewerbs einen Namen zu machen. All diese Probleme wurden mit Cloud Computing beseitigt, und nach und nach konnten die Teams von verschiedenen Standorten aus zusammenarbeiten, sogar im Ausland. Daher ist das Cloud Computing sowohl für die Datenwissenschaft als auch für Big Data sehr wichtig. Die meisten Unternehmen nutzen die Cloud. Einige Unternehmen, die die Cloud nutzen, sind Swiggy, Uber, Airbnb, usw. Sie nutzen Cloud Computing, um Informationen und Daten gemeinsam zu nutzen.

Cloud-Governance und Big Data

Die Arbeit mit der Cloud ist eine großartige Erfahrung, denn sie reduziert Ressourcenkosten, Zeit und manuellen Aufwand. Es stellt sich jedoch die Frage: Wie gehen Organisationen mit Sicherheit, Compliance und Governance um? Diese zu regulieren, ist für die meisten Unternehmen eine Herausforderung. Big Data ist nicht das einzige Problem, sondern die Arbeit mit der Cloud hat auch ihre eigenen Datenschutz- und Sicherheitsprobleme. Daher müssen Sie eine strenge Governance-Richtlinie für Ihre Cloud-Lösungen entwickeln. Um sicherzustellen, dass Ihre Cloud-Lösungen zuverlässig, robust und kontrollierbar sind, sollten Sie eine offene Architektur beibehalten.

Bedarf an Data-Cloud-Tools, die qualitativ hochwertige Daten liefern

Die Nachfrage nach Datenwissenschaftlern steigt heutzutage schnell an. Ihre Aufgabe ist es, große und kleine Unternehmen dabei zu unterstützen, nützliche Erkenntnisse aus den von ihnen bereitgestellten Daten oder aus ihren Datenbeständen zu gewinnen. Große Organisationen verfügen über eine große Menge an Daten, die kontinuierlich analysiert werden müssen. Jüngsten Berichten zufolge liegen fast 80 % der unstrukturierten Daten in Unternehmen in Form von sozialen Netzwerken, E-Mails (Outlook, Google Mail usw.), Videos, Bildern usw. vor. Mit dem rasanten Wachstum des Cloud Computing sehen sich Datenwissenschaftler mit zahlreichen neuen Arbeitslasten aus den Bereichen IoT, KI, Blockchain, Analytics usw. Die Arbeit mit all diesen neuen Arbeitslasten erfordert eine stabile, effiziente und zentralisierte Plattform für alle Teams. Bei all dem müssen neue Daten und alte Dokumente verwaltet und aufgezeichnet werden. Sobald ein Datenwissenschaftler mit einer Aufgabe betraut ist und über den zu bearbeitenden Datensatz verfügt, muss er über die richtigen Fähigkeiten verfügen, um die wachsenden Datenmengen mithilfe von Cloud-Technologien zu analysieren. Sie müssen die Daten in verwertbare Informationen umwandeln, die das Unternehmen voranbringen können. Der Datenwissenschaftler muss einen Algorithmus entwickeln und ihn programmieren. In der Regel verbringen sie 80 % ihrer Zeit damit, Informationen zu sammeln, Daten zu erstellen und zu bearbeiten, sie gegebenenfalls zu bereinigen und zu organisieren. Die verbleibenden 20 % werden für die Analyse der Daten und eine effiziente Programmierung verwendet.

Dies erfordert Cloud-spezifische Tools, die Datenwissenschaftlern helfen, die Zeit für die Suche nach den richtigen Informationen zu verkürzen. Unternehmen müssen ihren Datenwissenschaftlern neue Cloud-Dienste und -Tools zur Verfügung stellen, damit sie große Datenmengen schnell organisieren können. Cloud-Tools sind daher für Datenwissenschaftler unerlässlich, um große Datenmengen in kürzester Zeit zu analysieren. Dies spart dem Unternehmen Zeit und hilft bei der Erstellung robuster und stabiler Datenmodelle.

Nachwort

Fast jeder wird der Aussage zustimmen, dass Big Data im großen Stil angekommen ist und die Geschäftswelt im Sturm erobert hat. Aber was ist die Zukunft der Datenanalyse und wie wird sie sich entwickeln? Welche Technologien werden sich um sie herum entwickeln? Was ist die Zukunft von Big Data, wird sie wieder wachsen oder wird sie bald ein Museumsstück sein? Was ist kognitive Technologie und was ist die Zukunft von Fast Data? Schauen wir uns die Antworten auf diese Fragen an. Schauen wir uns einige Prognosen von Experten für Datenanalyse und Big Data an, um ein klareres Bild zu erhalten.

Die Datenmenge wird weiter zunehmen. Es besteht praktisch kein Zweifel daran, dass wir immer mehr Daten entwickeln werden, zumal die Zahl der mit dem Internet verbundenen mobilen Geräte exponentiell zunimmt. Die Art und Weise, wie wir Daten analysieren, wird sich in den kommenden Jahren dramatisch verbessern. Während SQL das Standardwerkzeug bleiben wird, werden andere Werkzeuge wie Spark als ergänzende Methode der Datenanalyse auftauchen, und ihre Zahl wird Berichten zufolge weiter zunehmen.

Es werden immer mehr Werkzeuge für die Datenanalyse zur Verfügung stehen, und einige von ihnen werden den Analysten nicht benötigen. Microsoft und Salesforce haben einige kombinierte Funktionen angekündigt, die es auch Nicht-Analysten ermöglichen werden, Anwendungen zur Visualisierung von Geschäftsdaten zu erstellen. Die präskriptive Analytik wird in die Software für die Unternehmensanalyse integriert. IDC sagt voraus, dass bis 2020 50 % der Business-Analytics-Software mit allen erforderlichen Business-Intelligence-Funktionen verfügbar sein wird.

Darüber hinaus wird das Echtzeit-Streaming von Big Data in Zukunft ein Merkmal der Datengewinner sein. Die Nutzer werden diese Daten verwenden, um Entscheidungen auf der Grundlage von sofort aktualisierten Informationen zu treffen, wobei Spark- und Kafka-Software zum Einsatz kommt. Der wichtigste strategische Trend, der sich abzeichnen wird, ist das maschinelle Lernen. Maschinelles Lernen wird in Zukunft ein wesentliches Element für die Verarbeitung von Big Data und die prädiktive Analyse in Unternehmen sein.

Big Data wird voraussichtlich große Herausforderungen mit sich bringen, insbesondere im Hinblick auf den Schutz der Nutzerdaten. Die von der Europäischen Union auferlegte private Regulierung zielt auf den Schutz der persönlichen Daten der Nutzer ab. Mehrere Unternehmen werden sich mit Datenschutzkontrollen und -verfahren befassen müssen. Es ist zu erwarten, dass die meisten Verstöße gegen die Geschäftsethik in den kommenden Jahren datenbezogen sein werden.

Bald wird erwartet, dass jedes Unternehmen einen Chief Data Officer hat. Forrester geht davon aus, dass dieser Beamte in naher Zukunft an Bedeutung gewinnen wird. Bestimmte Unternehmenstypen und Generationsunterschiede könnten ihre Bedeutung jedoch in naher Zukunft verringern. Autonome Agenten werden weiterhin eine wichtige Rolle spielen und ein großer Trend bleiben, so Gartner. Zu diesen Agenten gehören autonome Fahrzeuge, intelligente Berater, virtuelle persönliche Assistenten und Roboter. Die Zahl der für die Datenanalyse benötigten Arbeitskräfte wird weiter steigen, von Datenwissenschaftlern und Datenverwaltungsspezialisten bis hin zu Analysten und Architekten. Der Mangel an Big-Data-Talenten könnte jedoch große Unternehmen dazu veranlassen, neue Taktiken zu entwickeln. Einige große Institutionen sagen voraus, dass eine Reihe von Organisationen zur Lösung ihrer Probleme auf die innerbetriebliche Ausbildung zurückgreifen werden. Ein Geschäftsmodell, das Big Data als Dienstleistung nutzt, könnte sich abzeichnen.

CPSIA information can be obtained
at www.ICGtesting.com
Printed in the USA
LVHW062104040222
710328LV00005B/33

9 781803 613000